好员工是这样工作的

王文静◎编著

好员工：不放弃，不抛弃，坚定目标，为心爱的工作贡献全部精力。

中国言实出版社

图书在版编目(CIP)数据

好员工是这样工作的/王文静编著.
—北京:中国言实出版社,2012.1
ISBN 978-7-80250-678-7

Ⅰ.①好…
Ⅱ.①王…
Ⅲ.①成功心理—通俗读物
Ⅳ.①B848.4-49

中国版本图书馆 CIP 数据核字(2011)第 235958 号

出版发行 中国言实出版社
地　址:北京市朝阳区北苑路 180 号加利大厦 5 号楼 105 室
邮　编:100101
电　话:64924716(发行部)　64924735(邮　购)
64924880(总编室)　64914138(四编部)
网　址:www.zgyscbs.cn
E-mail:zgyscbs@263.net

经　　销 新华书店
印　　刷 北京绿谷春印刷有限公司
版　　次 2012 年 3 月第 1 版　2012 年 3 月第 1 次印刷
规　　格 710 毫米×1000 毫米　1/16　14 印张
字　　数 175 千字
定　　价 32.00 元　　ISBN 978-7-80250-678-7/B·258

PREFACE

前言

身在职场，我们都知道，要想得到不断地发展，获得职场上的成功就必须把自己的工作做好。然而令人感到不解的是，在现实中，有许多员工确确实实是这么做的，却依然难以得到较好地发展。

面对这样的情形，许多人不免产生困惑，甚至怀疑在现今的职场中要得以成功并不一定需要努力。真的是这样吗？其实不然，无论在什么时候，我们要想真正地做出一番成绩，成就自我的职场人生，就必须认真面对自己的工作，把工作做好。

既然如此，为什么还会出现上述的那种情况呢？

说来说去，原因完全在于我们自己本身。现今时代最大的特色就是竞争，可以这么说，竞争无处不在。我们要想在现今竞争激烈的职场环境中得到较好的发展，就必须以更高的标准要求自己，把工作做得更好。

或许，你认为自己够努力了，因为你已经尽职尽责地把自己的本职工作做好，对老板或是上司交代的工作也完成的很好。难道说这样还不够吗？

那些深受老板与上司器重，并得到不断发展的好员工告诉我们：仅仅这样，充其量只能算是合格的员工，离真正优秀还有一段距离。像这样，我们在职场上生存虽说没有多大的问题，但是要想得到进一步的发展就有些困难。

“你必须更加努力地面对工作，承担起更多的责任，把自己的工作做得更好。”这就是那些好员工告诉给我们的经验。那么，好员工究竟是怎么样去工作的，与普通员工之间究竟有什么区别，又是怎样一步步地成就自我职场的辉煌呢？

在《好员工是这样工作的》一书中，笔者结合时下职场的实景，并收录了众多优秀员工是如何面对工作的实际案例，不仅让我们能了解到在现今竞争激烈的职场环境中从普通走向优秀的职场准则，同样还会让我们从那些好员工的身上学习到很好的工作经验。

笔者在这儿衷心地祝愿每一位身在职场的人士能从本书中得到有益的启示，并掌握一定的工作方法与技巧，从而提升自我的职场竞争力，在为企业的发展做出更多的贡献后获得更好地个人发展，成为职场中的精英、达人。

目录

Contents

第一章 从不抱怨：做好工作是最根本的要求

工作是我们生存的需求，是一种责任，更是一种使命。任何的抱怨与不满，都不可能改变什么。在职场中，要想有所改变，并获得成功，我们就必须换一种心态去面对自己的工作，把工作做好。

第二章 少说多做：做出成绩比什么都要重要

俗话说得好，不要听一个人所说的，要看一个人所做的。职场中，成绩是检验优劣的标准，是证明能力的尺度。一个员工是否优秀，关键是看他所做出的成绩。好员工告诉我们，要在职场中得到较好的发展，就要做到少说多做，用心工作，并做出更好的成绩。

第三章 自动自发：不是什么事都要上司吩咐

自动自发是一种源自内心深处的精神,一种自觉自愿的心态。一名员工,在这种精神的驱动下,做任何事情都不需要上司的命令、监督和催促,而是主动找事做,自觉把工作做好。

第四章 勇于负责：认识到工作就代表着责任

工作就代表着责任。好员工不怕承担责任,更不会推卸责任,他们把责任装在心里,握在手里,任何时候,任何工作都全力以赴,尽职尽责。而有些员工原本能力出众,却难以得到较好的发展,就是因为缺少尽职尽责的工作态度,不能把工作做到位。

第五章 坚决服从：从来不会为自己寻找借口

军人视服从为天职,好员工和军人一样,不管在什么时候、什么地方,都

不会找借口，讲条件，而是坚决服从老板的指示。但是好员工的这种服从，并不是机械地服从，更不是盲从，而是甘于服从，乐于服从。

第六章 乐观向上：好员工的字典里没有“不可能”

在工作中，每时每刻都可能遇到难题，此时很多员工都被“不可能”这三个字囚禁，不敢正视现实中的困难和挑战，导致自身的潜能得不到充分的发挥。好员工则不然，他们的字典里没有“不可能”这三个字，以至于他们无论面对什么样的问题，总是乐观向上，相信自己能做好。

第七章 关注细节，再小的事也要认真去面对

好员工在面对工作的时候，从来不会忽略身边的任何一件事，即便是再简单不过的事，也要把它做到完美至极。他们的工作信条便是：“工作中没有不值得去做的小事，即使是小事也要做到最好。”因为他们知道：每个人的工作，都是由一件件小事构成的，工作之中无小事。

第八章 懂得协助:个人的成功不是真正成功

好员工是乐于协作、善于协作的员工。因为他们明白,没有全能的个人,只有完美的团队,个人的成功不是真正的成功,团队的成功才是真正的成功。因此,作为一名员工,只有积极地融入到团队之中,营造和谐的工作环境,才能把个人的力量发挥到最大,并最终和团队一起取得优异的成绩。

第九章 动脑做事:积极寻找更好的工作方法

工作中,做事不动脑筋,只是机械地听命,死板地执行,就算再怎么勤奋、努力、苦干也难有大的成就。好员工告诉我们,要得到更好的发展,在工作中,做事不仅要勤于动手,更要善于动脑,不能只是死板地执行命令,而是应该积极主动地寻求更好的工作方法。

第十章 注重效率：更快更好地完成工作任务

在今天这个飞速发展，一切讲究时效的时代，我们依靠什么才能在竞争激烈的环境中获得更好的生存与发展机会呢？其实，只要我们留意观察，从周围一些深受老板和上司重用、在职场中如鱼得水的好员工身上，就能得到准确的答案：注重效率，努力把工作做得更快更好，成为一个效率高手。

第十一章 爱厂如家：用主人的标准来要求自己

一位管理学家说过："作为企业的一员，首先要有'公司是我家，发展靠大家'的思想，你只有让自己的企业不断壮大了，你的个人价值才能得以充分的体现。"好员工都是把企业当成自己的家去爱护去经营，用主人的标准来要求自己的员工。

附 录

第一章　从不抱怨:做好工作是最根本的要求

工作是我们生存的需求,是一种责任,更是一种使命。任何的抱怨与不满,都不可能改变什么。在职场中,要想有所改变,并获得成功,我们就必须换一种心态去面对自己的工作,把工作做好。

1 在好员工的眼里，工作没有高低贵贱之分

【工作并没有什么高低贵贱之分，无论我们现在所做的是什么样的工作，只要认真面对，做好它，便能得到不断地发展。】

我们常常会听到有人埋怨，说什么现在做的工作不好，没什么意义。他们看不起自己的工作，觉得没必要花费过多的时间与精力。虽说他们一心想做大事，想要得到更好的发展，但令人遗憾的是，在现实的职场中往往就是像这样的人难以得到较好的发展。

你或许同样觉得自己现在做的工作太过于普通，太过于平凡，也跟他们一样想做更为重要的工作。在这儿要告诉你的是，工作其实并没有什么高低贵贱之分，更没有什么值得做与不值得做之分。我们要想真正地在职场中得到较好的发展，就必须改变对待工作的这种态度，始终以一种积极的态度面对，要求自己把工作做好。

张强，下面事例所说的主人公，发生在他身上的事或许能让我们更好地体会到这一点。

张强是某知名大学的毕业生，以优异成绩考入一家省级机关。他胸中豪情万丈，觉得自己的才能将会得到尽情地发挥。可没想到的是，当他正式上岗后，这才发现每日所做的都是些琐碎事务，根本就不需要什么特殊的技能。

张强不免感到有些失望，跟大多数一心想做大事的人一样，认为这样的工作太过于普通，不值得做。也正是因为如此，他很难认真地面对自己所要做的事，总是一副漫不经心的样子。

有一次单位开会,部门的同事彻夜准备文件,而分配给他的任务是装订和封套。处长再三叮嘱:“一定要做好准备工作,别到时弄得措手不及。”

张强嘴上虽然答应了,但没当回事,心想:初中生也会做的事,还用得着这样嘱咐。

同事们忙忙碌碌,张强也懒得帮忙,只在一旁看着杂志。文件终于交到他手里。他开始一件件装订,没想到只订了十几份,订书钉就用完了。他漫不经心地抽开订书针的纸盒,才发现里面是空的。于是,他便翻箱倒柜寻找订书钉,但是连一根都找不到。

此时已是深夜十一点半,而文件必须在次日八点之前,也就是大会召开之前发到代表手中。

处长闻知,不由得急了,质问道:“不是叫你做好准备的吗?连这点小事儿也做不好。”

张强低头,无言以对,脸上像挨了一巴掌,赌气般地冲出了办公室。几经周折,在凌晨四点左右,他找到一家通宵服务的商务中心,买到了订书钉,并赶在开会之前,将装订好的文件送到会场。

原本,张强以为会被处长责备,可没想到的是,处长却语重心长地说道:“小张,我知道,让你做这样的事你觉得委屈,觉得没什么意义。可是,你能告诉我什么样的事才是有意义的事吗?”

是啊!张强虽然一心想要做大事,做有意义的事,但是什么样的事才是这样的事呢?说真的,他还真没有仔细想过。面对处长的问话,张强脸上火辣辣的,不知怎么回答。

处长并没有再责备他,拍了拍张强的肩头,笑着说道:“小张,我知道你有能力、有学历,但是我要提醒你的是,不管你自身的能力如何优秀,都千万不要瞧不起你的工作,更不要认为自己的工作普通得不值得做。如果那样的话,你这辈子都不会有什么出息。”

处长的话虽然不多,却让张强的心情久久难以平静。

跟事例中的张强一样，在我们的身边有很多人虽然强烈地渴望能做出一番事业出来。可是，他们却难以真正地面对自己的工作，总是认为自己的工作没有太大的意义，觉得只有去做那些重要的工作才有可能将理想变成现实。

难道说，工作真的就像他们所认为的那样有高低贵贱之分吗？如果真的有的话，那么什么样的工作才是高贵的工作，什么样的工作又是低贱的工作呢？

在这儿要告诉你的是，工作绝对没有什么高低贵贱之分，更没有什么值得做与不值得做的区别。决定我们一生成就大小的并不是工作本身，而是在于我们以什么样的态度去面对工作，是不是能够真正地把工作做好。就像事例中那位劝诫张强的处长所说的一样：如果你瞧不起你的工作，觉得自己的工作普通，不值得做，那么你这辈子都不会有什么出息。

确实，无论我们现在所做的是什么样的工作，只要用心面对，做好它，同样会取得不错的成绩。你对此是不是有所怀疑？那么，就让我们去看看那些在公司里深受老板器重，并发展不错的同事，看看他们所做的工作，你或许会发现，他们所做的大多数是你所认为的普通工作，只不过他们跟你不同的是，并没有觉得自己的工作普通，而是尽心尽力地去做，把它做得更好而已。这就是他们成功的秘密。

现在，你还觉得自己的工作普通吗？是不是还觉得要有所发展就必须去做那些重要的工作呢？从现在开始起，抛弃掉那些念头，不要再认为工作有什么高低贵贱之分呢？认真而用心地去面对自己的工作吧！因为，做什么样的工作并不能决定什么，重要的是你怎么做！相信，当你认认真真地将工作做好之后，你的人生也会因此而改变。

好员工告诉你的经验

工作的本身并不能体现出你的价值，能够体现你价值的是你工作完成的情况。尊重自己的工作，要求把它做好是成为好员工的前提。

2

好员工从不轻视自己的工作

【看不起自己的工作,轻视自我的工作,便不可能认真地面对自己的工作,就谈不上把工作做好,也就不可能在职场中得到较好的发展。】

茫茫宇宙之中,我们力所能及、能够使它变好的,只有一个事物:那就是自我。职业无贵贱,任何职业都有它值得尊重的存在价值。从事任何工作,都必须对工作怀抱热情,这是在职场出人头地的一条捷径。

在上个世纪30年代,日本有个矮小的保险推销员,业绩很差,因而收入也少得可怜。但他很热爱自己的工作,他认为保险对人们的意义很重大,只是人们无法短期内看到长期的效益,因此才会拒绝购买。

有一天,他来到一所寺庙,向一位老僧人推销保险,滔滔不绝地说着投保的好处。没想到他说完之后,老人摇了摇头说:"小伙子,你说了这么多,我丝毫没有兴趣啊! 你要向人推销,就一定要有一种强烈的吸引力才行,否则,你做推销就没有什么前途了。"

走出寺庙后,年轻人觉得老和尚的话很有道理。为了改造自己,他每月一次,请来5个同事或者投了保的客户一起吃饭,请他们批评自己,指出自己的毛病。

尽管每一次的"批评会"都使他很难堪很尴尬,甚至很沮丧,但他默默地忍受着,他把那些逆耳忠言记录下来,进行自我反省。渐渐地,他成熟起来了。他的努力终于得到了回报,到了1939年,他的销售业绩获得了全日本第一。从1984年起,他竟然连续15年保持全日本业绩第一的好成绩。这个矮个子不是别人,就是著名的推销大师原一平。

从上述的事例中，我们进一步得到这样一个答案：那就是无论我们所做的是什么样的工作，即便是再普通不过的工作，只要我们不轻视它，认真地面对它，便能找到工作的意义，在平凡的岗位上做出不平凡的业绩。接下来，就让我们再看一则实际案例。

李娴莉是一位来自河南的农村小姑娘。她怀揣着家里仅有的50元钱，只身一人来到郑州，成了圆方美洁服务有限公司的一名保洁员。

我们都知道，保洁员的工作枯燥乏味、又脏又累，是大多数城里人不愿干的，再加上当时没有先进的清洁设备、专业的清洁剂，就连新居地板上的水泥块也全靠人工铲。因此，很少有真正让人感到满意的保洁员。

有一次，郑州市有家医院要请清洁公司做长期保洁，包括圆方公司在内的多家公司都在竞争这个大业务。医院有关负责人对竞争者们说“我们的原则很简单，谁的保洁做得最好，我们就选谁”。当天下午，李娴莉被公司派出到该医院做卫生间保洁样板。到了之后，令李娴莉没有想到的是，由于里面长期无人打扫，又脏又乱，臭不可闻！怎么办？为了得来不易的工作，为了公司能拿下这个大业务，她只能迎难而上了。而当她鼓起勇气用手拿着刷子伸向便池里时，胃里立马翻江倒海般“造反”，恶心得几乎要吐出来……这一天，她没能完成任务。次日一大早，李娴莉又来到那家医院，这一次，她没有退缩，而是躬下身用手指把大便器上的干便一点点刮下，把小便器上铜钱样厚的尿渍一点点地抠下来，把满地的污垢一点点刷净……阵阵恶臭熏得她睁不开眼睛，她边流泪边干活。清扫完毕，李娴莉还用彩笔在白纸上画了一枝玫瑰，并整整齐齐写了｜个字“医院是我家，卫生靠大家”，并把这纸条贴到了墙上。

医院负责人看到已经好几年没有彻底做过清洁的厕所被清理得如此干净，当即在验收单上填写下了“非常满意”四个大字。

凭借着李娴莉的努力，圆方公司顺利地得到了这个业务。也就是因为这件事，李娴莉引起了公司领导的注意，得到了重视，并在2003年1月被正式聘任为郑州分公司总经理。

一点儿没错,我们都希望自己能得到较好的发展。然而怎样才能做到这一点呢?李娴莉便以她的亲身经历给我们上了一堂生动的职业教育课,让我们知道了要想在职场中得到较好的发展,就绝对不能看不起自己的工作,轻视自我的工作。因为只有不轻视自我的工作,我们才能认真地面对自己的工作,要求自我把工作做好。

好员工告诉你的经验

我们大多数人的岗位平凡,但平凡并不意味着平庸,从平凡起步,把每一件平凡的事做好就是不平凡,就能够在追求卓越的过程中实现卓越。

3

永远知道工作并不只是为了生存

【我们之所以工作并不仅仅只是为了获取薪水,而是要有高远的目标和追求。】

在全世界,至少有三分之二的人,为了温饱,为了吃饭,为了生存,每天努力、勤奋、含辛茹苦地工作。因为我们知道只有工作,才能获得报酬,才能获得养家糊口的薪水。为了生存而工作,这虽然很俗,但你要明白,人首先得解决温饱。如果肚子里没有东西,米缸里没有米,再远大的理想会被饥饿侵蚀得干干净净,了然无踪。

玉玲是一家饭店的服务员,高考落榜后就来到这个陌生的城市打工。

玉玲话不多,整天总是默默地干活,当别人在说笑时,她也是自己找活儿干。有人说玉玲是“傻子”,“干那么多活儿,老板又看不见!”每当听到别人这么说时,玉玲总是付之一笑。时间一长，其他人总爱把最脏最累的活儿留给玉玲，但是她从来没向老板或是领班告过状。

半年过去了，饭店的服务员换了两批，但是玉玲依然在这里干。老板的一位朋友经常来这家饭店吃饭。一次，他向老板说："玉玲可是你这里'元老'级的人物了。"老板看看正在干活儿的玉玲，满意地说："这孩子实在，你别看她平时不说话，心里可有数了。她干活儿，我最放心。"玉玲像没有听到老板的表扬，还继续干手中的活儿。老板告诉这位朋友，自己找玉玲谈过话，她觉得找份工作不容易，虽然工资不高，但是能供家里的弟弟妹妹上学，如果自己再不好好干，总三心二意的，连这份工作都会丢掉。挣不到钱，不仅自己的基本生活会有问题，弟弟妹妹的学费也没有了。所以为了自己的生活保障，为了弟弟妹妹的学费，她宁可干比别人多的活儿，也不想失去这份工作。

这只是一个普通打工者的故事，没有什么伟大之处，但是，也是千千万万个打工者的一个缩影。我们每个人都需要生存，需要养活自己及家人，因此，我们需要一份工作，需要有薪水，而且必须努力去做好工作。

为了生存，每一个人都需要工作。但好员工都知道，工作并不仅仅是为了生存。

在工作中充分发挥自己的潜力，使自己的能力得到最大的发挥，这比生计更可贵。生命的价值不能仅仅是为了面包，还应该有更高的追求和动力，只有这样我们才能得到更好的发展。

张先生来到一家进出口公司工作后，晋升速度之快，让周围所有人都惊诧不已。一天，张先生的一位知心好友，怀着强烈的好奇心询问这个问题。

张先生听后耸了耸肩，回答道："这个嘛，很简单。当我刚开始到公司时，我就发现，每天下班后，员工们都回家了，可是，刘总依然留在办公室内工作，而且一直待到很晚。另外，我还注意到，那段时间刘总经常急匆匆推开办公室门来到外屋找人帮他办事。于是，我下了决心，下班后，也不回家，就待在外屋。虽然没有人要求我留下来，但我认为我应该这么做，如果需要，我可为刘总提供任何他所需要的帮助。就这样，时间久了，刘总就

养成了有事叫我的习惯。”

张先生这样做是为了薪水吗？当然不是。事实上,他确实并没有因此而得到任何物质上的奖赏,但是他却得到了比薪水更为重要的东西——老板的赏识。在我们的身边,那些深受老板与上司器重的员工,都是像张先生这样的优秀员工。也正是因为如此,他们才能得到比普通的员工更多的机会,从而成就了自我职场的成功。

从上面的叙述中,我们得到了这样的一个答案:那就是要想在职场上做出一番成就,获取职场上的成功,就应当把目光放远一些,千万不要太过于计较眼前薪水的高低。原因很简单,太过于计较薪水的高低,我们在工作时就会很容易受到影响,当薪水高时就会努力工作,一旦薪水较低则难以认真面对。试想一下,如果我们在工作中有着这样的心理,又怎能把工作做好呢？我们都知道要想在职场中得到较好的发展,就必须把工作做得更好。

不仅仅为生存而工作,既能让我们能够用一种积极的态度去面对工作,还可以让我们在工作中不断地提升自我的技能,把工作做得更好。想想看,我们能够把工作做得更好,又怎么不能得到较好的发展呢？在这儿,我们不妨再看一个实例。

张小白由于家庭经济条件较差,初中刚毕业就不得不辍学,出外打工。在老乡的介绍下,他在一家机械厂找到了份工作。

那份工作又脏又累,薪水也不高。有好心的老乡劝张小白还是考虑考虑。然而,张小白谢绝了对方的好意,还是接受了这份工作。因为,他觉得做这份工作能学到很多的东西。

在接下来的日子里,张小白并没有觉得辛苦。他在做好自己工作的同时,并不放弃任何学习的机会,积极主动学习技术。

一天、两天,时间在飞快的流逝,一转眼一年多的时间过去了。在这段时间内,他不仅仅掌握到工作所需要的种种技能,并通过学习,就连一些老师傅都看不懂的图纸他也能看得懂。

一次,场子里面新进来一批设备。由于是新机器,面对较为复杂的机械装备图,厂子里面的人都感到束手无策。见此情景,张小白向领导提出试试看。虽说机械装备图较为复杂,但张小白并没有放弃,认真地研究,终于将设备安装好。

也就是这件事，让张小白在领导的心中留下了深刻的印象，领导便注意上了他。没过多久，就连张小白都没有想到，他竟然被破格提升为技术员。当然，他的薪水也比原来不知翻了多少倍。

确实，要想在职场中得到较好的发展，我们就必须把自己的工作做好，并且是做得更好。但是怎样才能做到这一点呢？除去拥有一个正确的工作态度之外，我们还需要拥有能够把工作做得最好的能力。

能力从哪儿来？通过上面的叙述，我们已经找到了答案，那就是不要太过于计较薪水的高低，更不要受到薪水的影响，而是应该全心全意地把自己的工作做好。相信，只要我们认真去做，就一定会做出一番事业，获得自我职场的成功。

好员工告诉你的经验

无论在任何一个工作岗位上，员工都要尽自己的最大努力去把工作做到最好，切莫依据报酬的多少而“量薪出力”。仅仅为薪水和生存而工作，就会容易忽略自身潜能以及阻碍自我能力的提升。

4

选择好心情把工作做好

【好的心情能够让我们对工作投入更多的热情，把工作做得更好。】

我们都有过这样的经历，在心情愉悦时，不仅思维要比原来活跃得多，就连手脚也要比平时灵活。如果我们以同样的心情面对工作，也就不会觉得太过劳累，能轻轻松松地把工作做好。可惜的是，许多人并没有意识到这一点，不仅难以用一种好的心情去面对工作，反而心中充满了抱怨。想想看,像这样我们又怎么能把工作做好呢?下面的事例,就能够让我们对这一点有所认识。

小付是一家销售公司的业务员。他之所以做这份工作,并非出于自愿,而是在不得已的情况下做出的选择。也正是因为如此,当让他去见客户时,他就从内心深处感到抵触,那样子完全不像是去同客户谈业务,签订单,而像是被隐形人押上刑场的死囚。

他去与客户交流沟通时,完完全全采取的是应付差事的态度,就像是一个传声话筒,三言两语的讲述完一些近乎是众所周知的内容,也不去倾听对方在说些什么,只要对方言行举止中露出不感兴趣的意思,他就会离去。

"烦!如果不是没有办法的话,我才懒得干呢?"这是他经常挂在嘴边的话。

时间一天天地过去,转眼之间试用期就快结束了,他没能做出任何的业绩,被辞退了。

在生活中,有很多的人就像是上面事例中的小付,将自己的工作看成是一种负担,认为那是对自己的一种折磨,以至于带着一种潜藏的抵触甚至是排斥的心情去工作。想想看,在这种心情的影响下,我们怎能积极主动地工作,又怎么能将工作完成得更快更好呢?

你千万不要小看心情的作用,事实上,好心情同样是一种工作力,当我们以一种快乐的心情去面对工作时,便会发觉到其中的乐趣,即便是遇到困难,也不会变得烦躁不安,反而会积极主动地去思考,寻找解决的方法。

心情的好坏不仅仅能够让我能积极主动地面对工作,同样还会让我们缔结良好的人际关系,成为深受同事欢迎的人。因为,在现今的职场中要得到较好的发展,人际关系与出色的工作表现同样重要。试想一下,如果一个人总是板着张臭脸,总是像别人欠他多少钱似的,那么还有谁愿意和他接触呢?再想想看,像这样的人即便是工作能力再出色,却得不到同事的认可和支持,又怎能有好的发展呢?

现在,就让我们来看看发生在刘菲身上的故事。

刘菲是某公司的职员,工作能力较为出色,上面交代给她的事，她都能较为不错地完成。唯一遗憾的就是她难以控制住自己的情绪，经常将情绪带到工作之中。以至于当她遇到什么开心的事时，心情就非常好，在做好自己的工作同时，还会主动帮助同事，跟同事们高兴地聊天。倘若遇上什么不开心的事，整个人就像是变成了另一个人，拉长着脸，对所有的人都是一副爱答不理的样子。这样还算是好的，如果在这个时候谁要去跟她说些什么事，不管所说的是什么，她都会毫不客气地说："你要干吗？烦不烦人啊！"

刘菲的同事都领教过她的厉害，也就不怎么爱答理她了，无论是她心情好还是心情不好时，都会主动地跟她保持一段距离。对这些刘菲毫不在意，认为只要自己把自己的事做好就够了。直到前不久，她所在部门的主管离职，公司决定在他们中间挑选一人来接替主管的职位，她才意识到问题的严重。

原来，当她听到这一消息后，她觉得主管这一位置非她莫属，因为她可是整个部门中工作能力最强的啊！但是她怎么都没想到最后的结果却是一位工作能力并不怎么出色，但是整日里脸上带着笑跟其他同事关系不错的人。

她不服气，觉得不公平，便找到了公司的领导。

"你说的没错，你的能力确实要比他强，但是你有没有想过，你太过于情绪化了，心情好不好都写在脸上，心情好跟心情不好就像是两个人一样，老是得罪同事，他们都不怎么愿意跟你接触，让你做了主管能管好他们吗?"当领导得知刘菲的来意后，解释道。

刘菲沉默了。

"如果你能管理好自己的情绪，总是能够以一种好的心情去面对工作，面对身边的同事，我当然会选择你。"最后，领导安慰道。

当看完上面的事例后，你是否知道心情与职场中的关系，知道了好心情在职场中的作用了呢？

好员工告诉你的经验

你的心情直接决定着你的工作效率,这是无可否认的,因为只有我们在做一件事情的时候,能够感受到其中的意义和乐趣所在,才能有兴趣将它做得更快更好,反之则会对自己所做的事情采取一种敷衍了事的态度,连想做的兴趣都没有,你想想能做得好吗?

5 用心去做就一定能发现工作的乐趣

【如果你不能乐观地对待自己的工作,即使所做的是最喜欢的工作,也会产生厌倦。】

在国外,有一家报纸曾举办过一次有奖征答,题目是:在这个世界上谁最快乐?从数以万计的答案中评选出了四个最佳答案,它们分别是:欣赏自己刚刚完成作品的艺术家;正在筑沙堡的儿童;忙碌了一天,为婴儿洗澡的母亲;经过几个小时的手术,终于挽救了患者一命的医生。

这样的答案告诉了我们什么呢?

那就是工作才是我们快乐的源头。事实上也是如此,人生的意义以及生命的乐趣,恰恰就蕴含在我们的工作之中。然而,很多人不但没有从工作中体会到快乐,反而一天到晚抱怨自己的工作太枯燥,生活没有意思。早上醒来,头脑里想的是:痛苦的一天又开始了……磨磨蹭蹭地挪到公司以后,无精打采地开始一天的工作,好不容易熬到下班,立刻就高兴起来,和朋友花天酒地之时总不忘诉说自己的工作有多乏味,有多无聊。

而有的人却恰恰相反,他们认为自己做的工作是一种享受,把工作当成乐趣。令人惊奇的是,那些认为工作是苦差的人,往往在单位中表现平平，属于碌碌无为之辈。而后者呢？则大部分是深受老板喜欢的好员工。

为什么有些人会感到工作很枯燥呢？石油大王洛克·菲勒曾说过：“如果你视工作为一种乐趣，人生就是天堂；如果你视工作为一种苦役，人生就是地狱。”实际上，抱怨工作本身太枯燥的人，往往是因为消极地应付工作，没能发现工作中的乐趣。

于翔技校毕业后，就在一家工厂工作，和他一起进厂的同事都被安排到了较为不错的岗位，而他却进了全厂最脏最累的一个车间，看到这样的工作环境，于翔心里顿时凉了半截，认为自己真是不走运。

工作了一个月后，于翔觉得这样的工作实在是太无聊，太压抑了。下班后，他就去找朋友喝酒聊天，当他把工作中的苦闷向朋友倾诉的时候，朋友的一句话点醒了他：“工作是自己的，快乐也是自己的，工作本身或许不能带给你快乐，但是你能自己找快乐，为什么和自己过不去呢？”

第二天，于翔神采奕奕地走进车间，微笑着和同事们打招呼，他看起来是那么充满朝气和活力，工作的时候，他的嘴里还不时哼着歌曲。

“于翔，今天怎么这么高兴？”旁边的同事终于忍不住问他。

“因为我发现我很喜欢这个工作岗位，”于翔笑着回答，“工作不能带给咱们乐趣，咱们要自己找乐趣，整天让自己愁眉苦脸的，多对不起自己啊！再说了，咱们做的零件都是要装在汽车上的，想一下，在路上行驶的汽车里有咱们的一份功劳，这多有意义啊！”

听了于翔的一番话，使得原本跟于翔一样觉得工作枯燥无味的同事理解了自己工作的意义。从那天以后，这个车间多了欢声笑语，大家也不再闷着头只顾着干自己的活儿了，而是开展一些竞赛：看谁制造的零件又快又好，看谁的机器擦得亮……

我们在抱怨工作本身太枯燥时，问题往往出在我们自己身上。你要明白，只要你用心去做，总会发现工作中的乐趣。当你努力工作，发掘工作中的乐趣时，你就会发现自己的工作是多么有意义。

小陈在一家电子企业做行政事务工作。他觉得自己所做的

事太过于琐碎,没什么意义,也就不怎么用心了,只求完成即可,也就是因为如此,在工作中他常常会出现一些错误,领导也多次提醒他要注意点。可惜的是,小陈并没有把领导的好心提醒放在心上。在一次大裁员中,不幸的事终于发生了。因为他一贯表现不佳,被列入了“黑名单”。

小陈很后悔自己没有好好对待工作,不想失去这份工作,于是鼓起勇气,找到了人力部经理,说:“我为自己以前的工作态度而后悔,希望能给我一次改过的机会……”鉴于小陈诚恳的态度,经理考虑了片刻,说:“我可以考虑再给你一次机会,但鉴于你的以往表现,给你两个月的试用期,在这段时间内,你的报酬只有底薪和津贴。”

两个月的试用期间,小陈一改往日的作风,用心工作,尽心尽力地去完成任务,看着因为自己的努力,公司行政事务有条不紊,小陈感到一种满足,同时发现工作不再那么无聊,而是有很多乐趣,还常常主动加班。

两个月的时间很快就过去了,小陈被留了下来。两年后,由于表现出色,他被提升为行政部主管。小陈说:“我现在很热爱这份工作,它让我享受到了乐趣,不知疲倦。也许就是这种对工作的用心和热情使我开始走向成功。”

确实,当我们以一种精益求精的态度,用火热的激情去面对工作,当我们取得了一定的成绩之后,就会发现到其中的乐趣,便不会再觉得辛苦。反之,一个人如果鄙视、厌恶自己的工作,就会觉得工作又苦又累,又怎么能认真面对呢?又怎么能做好它呢?

比尔·盖茨曾说过:“一个人做什么事都会有成功的希望,只要他肯用心工作,提起兴趣,纵使工作枯燥或繁重,也不会觉得辛苦。一个专门要别人监督他工作的人,永远不会有出人头地的一天。”

难道你认为这句话没有道理吗?

办公室里的酸甜苦辣也许很平凡,也许平静而又单调。但是无论怎样我们都不能放弃工作,即使是再平凡和无味,我们都需要工作。对我们来说因为种种原因不能自由地选择自己所从事的职业,难道我们就不能选择一种愉快轻松的心情去面对工作吗?

记住:工作的乐趣和努力成正比！不要再抱怨了,用心去工作吧！你一定可以发现工作中的乐趣,它也将会带给我们意想不到的收获。

好员工告诉你的经验

不论我们所从事的工作是否能够带来财富,只要我们全心投入。那么,每天工作的时候我们都会感到充实快乐。

第二章　少说多做:做出成绩比什么都要重要

俗话说得好,不要听一个人所说的,要看一个人所做的。职场中,成绩是检验优劣的标准,是证明能力的尺度。一个员工是否优秀,关键是看他所做出的成绩。好员工告诉我们,要在职场中得到较好的发展,就要做到少说多做,用心工作,并做出更好的成绩。

1 好员工都知道成绩是做出来的

【只有通过自己积极的行动，百分百地完成工作任务，才能带来了令人满意的成绩，才能让我们在职场上站稳脚跟，获得发展。】

在职场上，你的业绩是你的良弓，只有不断努力提高自己的价值，提升自己的业绩才能真正赢得他人的尊重与赏识，才能在职场中获得成功。

要想做出好的业绩，不是说出来的，也不是夸出来的，而是实实在在地做出来的。一个员工即使头脑再聪明，才华再出众，如果做不出成绩，仍然成不了上司眼里的好员工，甚至还有被“炒鱿鱼”的可能。

张诚是某打印机公司的销售代表，他有着丰富的销售经验和卓越的口才。在应聘时，他就是凭着这两点特长赢得了老板的青睐。于是，老板对他期望很高，希望他能尽快做出成绩。

平日里，他总是向老板炫耀，自己是如何卖力工作，自己拥有如何好的口才，客户怎么怎么喜欢和他打交道。可是，老板听后只是点点头，淡淡地表示认可。

转眼间一个月过去了，他没能创造出任何的业绩。又过了一个月，老板把张诚叫进办公室，告诉他，他已经被列入了“被辞退”的名单，因为他三个月来都没有什么显著成绩。

张诚鼓足勇气对老板说：“虽然最近几次我都没有做出成绩，但是我拥有丰富的销售经验和很好的口才，难道这些你都没有看到吗？”

“张诚，你只看到自己拥有丰富的经验和口才，但这并不是你可以炫耀的东西。我要的不是这些东西，而是业绩。业绩是做出来的，不是说出来的，你明白吗？没有实实在在的业绩，其他的再好也是零！”老板直视着他，说道。

张诚这才明白，老板看的是谁能为公司赚钱，看的是实实在在做出来的成绩，而不是看谁的经验多，口才好。

职场上，像张诚这样的员工不在少数，他们很聪明，也很有才干，但是行动能力差，以至于做不出什么成绩，最后难免被辞退。那些深受老板与上司喜欢的好员工，他们都知道成绩是做出来的，并且会通过自己的积极行动，百分百地完成工作任务。

小王去某家大公司应聘销售主管，他有多年的工作经验，认为自己能胜任这样的工作。公司经理告诉他说，先要试用三个月。使他意想不到的是，经理竟把他安排在商店做销售员。一开始，小王不能接受，他想凭自己的能力，到哪都可以做个销售主管。但是他转念一想：自己刚来这家公司，经理对他的能力不了解也情有可原，与其和上司去争辩，还不如作出成绩给他看，让他自己定夺。

有了这样的想法，小王就安下心来，认真地干满了试用期。在试用期间，他不仅出色地完成了任务，还为公司拿下了一个很大的订单。在试用期间，他也慢慢地明白了部门经理把他放到基层去的原因：他对行业不熟悉，不清楚公司的内部情况，只有从最底层做起，才能全面了解公司，熟悉各种业务。

事实表明，小王当初的决定是对的，他用自己的实际行动和取得的成绩证明了自己的能力，让经理对他刮目相看。

试用期后，他正式成为公司销售部门的主管。由于，小王做事比较踏实，处理起工作中的事来也是游刃有余，深得部门经理的赏识和信任。过了一年后，小王被提拔为部门经理，事业上逐渐有了起色。

只有当我们脚踏实地，认认真真地面对自己的工作，才能取得优异的成绩，才能在职场中得到不断的发展。试想一下，如果当时小王对经理的安排不满意，拒绝做销售员，找经理争辩，告诉经理，他是多么有眼无珠，自己是如何如何优秀，而不是用行动和成绩来证明自己，就不可能有今天的成就。

从现在开始起，认真地面对自己的工作，认认真真地做好自己的工作吧！当我们切切实实地把工作做好，做出成绩后，又何尝不能得到较好的发展呢？

好员工告诉你的经验

不管你在公司的职位如何、长相如何、学历如何，要想在公司里成长、发展、实现自己的目标，你就必须做出更好的业绩。

2

只有行动才能达到想要的结果

【好员工往往少说多做，脚踏实地地工作，以切实的行动来诠释自己的能力，他们懂得只有行动才能达到自己想要的结果。】

西方流传着这样一个故事：

许多年前，一位聪明的国王召集来一群聪明的臣子，给了他们一个任务："我要你们编一本各时代的智慧录，好流传给子孙。"这些聪明人离开国王后，工作了一段很长的时间，最后完成了一本十二卷的巨作。国王看了以后说："我确信这是各时代的智慧结晶，然而，它太厚了，我怕人们不会读，把它浓缩一下吧。"这些聪明人又经过长期努力地工作，几经删减之后，编成了一卷书。然而，国王还是认为太长了，又命令他们再浓缩。这些聪明人把一卷书浓缩为一章，又浓缩为一页，然后减为一段。最后变为一句话。老国王看到这句话后，显得很满意。他说："这真是各时代智慧的结晶，一旦各地的人知道这个真理，我们大部分的问题就可能解决了。”

这句话就是:“天下没有白吃的午餐”。

没有行动,你就抓不住机会。只有行动才会产生结果,行动是成功的保证。任何伟大的目标,伟大的计划,最终必然落实到行动上。这也就是说,在工作中我们要想提升自我的业绩,就必须采取行动,认认真真去做,仅仅只是想想,即便是想到再好的办法,不去做同样是没有任何的实际意义。

宋建军是一个很有想法的年轻人,他在接到某公司的面试通知,在见到面试的负责人之后,他将自己的一些想法说了出来。他所说的一切,听起来很有道理,听得负责面试的人连连点头,当然,最后的结果是宋建军顺利被这家公司录用了。他就这样进入这家公司,成了一名被公司领导所看重,认为有着相当大的潜能,能够给公司带来巨大经济效益的员工。

公司的领导对宋建军充满了期待,期待着宋建军给他们带来巨大的惊喜。当然在这种心理作用下,他们对宋建军的要求也要比一般的职员要高。

宋建军开始着手开展工作,这个对自己的职业前途充满了信心,并且脑子灵活的年轻人在面对自己的工作时,不仅仅卖力,并且还会有许许多多自己的想法,觉得现在的工作如果换另外一种方式去做可能会比现在的效果要好;或者是认为现在自己所做的工作以及公司现在所开展的一些业务有所欠缺,需要加以改正。

在某一日,当负责面试的那位领导关心地询问宋建军在公司的情况以及是否有什么想法时,宋建军稍微犹豫了片刻,把自己的一些想法说了出来。

宋建军的那些建议确实有些是公司所存在的问题,也正是公司的领导阶层所感到忧患的。当他听到宋建军说起这些时,感到有些兴奋,便连问宋建军到底有什么好的方法。然而,宋建军只是感觉到有哪些问题存在而已,还真的没有考虑过怎样才能解决呢?宋建军一时语塞,感到有些尴尬。

那位领导见此情景,笑了笑,鼓励了宋建军几句,并且让宋建军仔细想想是不是有什么办法解决所说的那些问题。那位领导走了，望着领导远去的背影，宋建军感到内心一阵火热，暗下决心要想出一些好的办法。

宋建军是一个思想活跃的年轻人，像他这样的年轻人，身上有一个显著的特点，那就是想法很多，然而可惜的是，那些想法往往只是在他们的脑海中一闪而过，他们也是停留在这仿佛是灵光闪现的一瞬间。

在思索了几天之后，宋建军有了许许多多很好的想法，他将这些想法一一地列举了出来，自信地敲开了那位领导办公室的门。

那位领导在听完了宋建军所说的之后，盯着宋建军看了片刻，问道："你的这些想法都不错，但是我有一个疑问，你能告诉我怎么去做吗？"

宋建军傻了，怎么去做，要将这些好的想法转变成现实，他还真的不知道应该怎样去做。他再一次变得尴尬起来。

无论我们的想法有多么美好，但是只有将它变成现实才是真正的美好。我们要想真正地在工作中做出成绩就应尽量避免像宋建军那样只是去想，而很少会动手去做。

光有好的想法，不能够执行，没能带来最后实质性的结果，这种好的想法是没有任何的作用的。这就像是我们要过一条没有桥梁的河流，我们想到的有若干种都可以过河的方法：有游过去，有撑着小船过去，有架上锁链滑过去，有开着飞机过去……这些方法都能够使得我们顺利的达到目的，但是这些方法是否真的切实可行呢？例如，我们采取游过去的方法，而要通过这种方法达到目的，前提条件就是我们必须会游泳；再如我们采取撑着小船的方式，那么我们就必须找到小船……倘若，我们不能游泳，而又找不到小船，那些好的办法是不可能真的让我们实现目标的。

我们虽然思维活跃，会在很多的时候有着许许多多的想法，但是我们还要将这些好的想法跟现实相结合起来，要想想是不是真的可行。否则的话，这些很好的想法不但不能够秀出你的实力，让你在众多的同事中脱颖而出，反而还会给他人留下一个只知道空想，不能脚踏实地做事的印象。

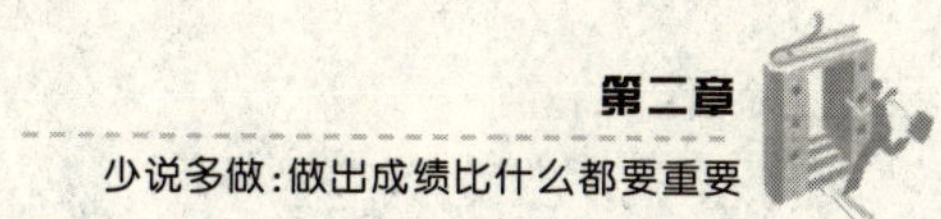

现今的职场不欢迎这样的人，喜欢的是能够做出实际的事情的实干家，而非空想家。

好员工告诉你的经验

只有行动才能使人变得更成熟，“立即去做永远是成功的不二法则”。最聪明的做法就是去实现自己所向往的目标，想做什么就尽快去做，然后再考虑不断完善目标。

3 只想不做是对自我生命的浪费

【人的潜能是无法预测的，只要有了好的想法，就应该立即行动。】

在工作中，我们总会有一些好的想法与创意。在这个时候，我们应当积极行动起来，因为不管我们想得多么好，如果没有任何的行动，不仅仅不会带来任何的结果，反而还是对自我生命的一种浪费。

在远古的时候，有两个人相伴去遥远的地方寻找人生的幸福和快乐。他们一路上风餐露宿，在即将到达目的地时，他们的面前出现了风急浪高的大海，而海的彼岸就是幸福和快乐的天堂。

关于如何渡过这片海，两个人有不同的想法。高个子建议采伐附近的树木造成一条木船渡过海去，而矮个子则认为无论哪种办法都不可能渡得了这片海，与其自寻烦恼，不如等海流干了，再轻轻松松地走过去。

就这样，建议造船的高个子每天砍伐树木，辛苦而积极地制造船只，并学会游泳；而矮个人只是每天到海边看看海水流干了没有，就躺下来休息。

经过一段时间的努力，高个子的船终于造好了。当他准备扬帆出海的时候，矮个子还在讥笑他的愚蠢。

高个子并不生气，只是对矮个人说了一句话：“去做！并不一定都成功，但不去做则一定没有机会取得成功！”

故事中，两个人过海，高个子有了想法就去做——不辞辛苦地造船，而矮个子虽然也想过海，但只想不做，期望大海干涸。结果当然可想而知，那位有了行动就立即去做的人最终渡过了那片大海达到了目的地，而矮个子却只能在等待中让生命流失。

跟上面故事中的那位矮个子一样，在现实中有很多的人虽然有着很多很好的想法，却出于种种原因不敢付诸行动。在这儿，好员工告诉我们：有了想法就勇敢地去做吧！因为人的潜能是谁也无法预测的，只要我们勇于行动，就能将我们的潜能激发出来。

在美国的海岸警卫队有一个厨师。空余时间，他代同事们写情书，写了一段时间以后，他觉得自己突然爱上了写作。他给自己订立了一个目标：用两到三年的时间写一本长篇小说。为了实现这个目标，他立刻行动起来。

每天晚上，大家都去娱乐了，他却躲在屋子里不停地写。这样整整写了 8 年以后，他终于第一次在杂志上发表了自己的作品，可这只是一个小小的豆腐块而已，稿酬也只不过是 100 美元。他没有灰心，相反他却从中看到了自己的潜能。

从美国海岸警卫队退休以后，他仍然写个不停。稿费没有多少，欠款却越来越多了，有时候，他甚至没有买一个面包的钱。尽管如此，他仍然锲而不舍地写着。朋友们见他实在太贫穷了，就给他介绍了一份到政府部门工作的差事，可他却拒绝了。他说：“我要做一个作家，我必须不停地写作。”又经过了几年的努力，他终于写出了预想的那本书。为了这本书，他花费了整整 12 年的时间，忍受了常人难以承受的艰难困苦。因为不停地写，他的手指已经变形，他的视力也下降了许多。

他成功了。那本小说出版后立刻引起了巨大轰动，仅在美国就发行了 160 万册精装本和 370 万册平装本。这部小说还被改编成电视连续剧,观众超过了一亿三千万,创电视剧收视率历史最高纪录。不仅如此,这本书还获得了美国国家书籍奖金委员会的历史特别奖。

这位作家的名字叫哈里,他的成名作就是我们今天经常读到的《根》。哈里说:“取得成功的唯一途径就是‘立刻行动’,努力工作,并且对自己的目标深信不疑。世上并没有什么神奇的魔法可以将你一举推上成功之巅,你必须有理想和信心,遇到艰难险阻必须设法克服它。”

想到就要去做。我们并不能在行动之前,把所有可能遇到的问题统统消除,而是应该在行动中克服各种困难。如果我们总是抱着等到所有条件都成熟后再行动,只会让时光白白浪费,最终一事无成。

“想到就去做”这好像是一句广告词。说起来,人人皆知,可又有几个人能真的“想到就去做”呢?在我们的身边,有的人很聪明,想象力十分丰富。他可能一天能构思出无数个伟大的“理想”计划,但最终可能一事无成,其中最大的原因就是在于他们只想不做,最后白白浪费了时间和机会。而有的人虽然不怎么聪明,没有什么特别有创意的想法,但是他勇于行动,想到就去做,结果成为了领导和其他人心目中的好员工。

你想成为哪样的人呢?不用说我们每一个人都希望成为后者。

好员工告诉你的经验

在这个世界上不缺乏拥有好的创意和想法的人,真正缺少的是将好的创意和想法变成现实的人。

4 实干胜于空言，空想不如行动

【我们只有拒绝空谈，脚踏实地地把工作做好，才能做出成绩来，才能给企业带来经济效益。否则的话，我们所期望的一切都只会存在于虚幻之中。】

我们要想获得成功，不能缺少想法，但是光有想法也是无法获得成功的，还得有配合想法的行动。因为，行动不到位，再好的想法也是白搭。

有两个人找到了上帝，问他如何才能变成天使。上帝对这两个人说，很远处有一座山，他希望两个人可以到那里考察，并把自己的感受告诉他。之后，他便把如何能变成天使的秘诀告诉他们。两个人听完之后，各自离去，并约定十年后相见。

那座山位于一个孤岛之上。两个人费尽千辛万苦后来到了这里。他们一起攀上了山顶，才发现这座山竟是一个不毛之地：四周光秃秃的一片，没有一棵树，也没有一棵草，满眼只是坚硬的石头。第一个人见后，认为自己受到了戏弄，千里迢迢来到这里，却一无所获，于是愤然离去。

而第二个人却相反。他见到此地如此荒凉，便到附近的山上采集了各种各样的种子，然后把它们播种在土里。慢慢地，山上泛出了淡淡的青绿，原来死气沉沉的地方逐渐显现出了生机。他十分高兴，于是更加卖力地工作，十年时间，从未间断。

十年之后，上帝出现了，问二人有何感受。第一个人委屈地说："我历尽千辛万苦到了那里，但见到的只是一堆光秃秃的石头。"上帝又转过头去问第二个人，只见那个人神秘地一笑，说："不对，那是一座青山。"第一个人听到之后对上帝说："他在撒谎，那里明明就是一块不毛之地。"

上帝没有说话，只是把他们带到了那里。让第一个人感到

不可思议的是,他的眼前出现了一幅不可思议的美景:青葱的树木,满山的果香,还有各种各样的动物在那里快乐地嬉戏,一片生机盎然的景象。他简直不敢相信自己的眼睛。这时,上帝指着第二个人对他说:"看见了吧,这就是天使!"

第一个人后悔不已,但是他也明白了一个道理:"如果具备了行动,任何一个人都可能变成天使。"

有人说,无知与眼高手低是那些失败的人共有的习惯,也是导致他们最终平庸的主要原因。的确,生活中几乎所有的人内心都充满了激情和远大的理想,谁都会梦想自己有朝一日能获得梦寐以求的成功,然而真正面对平凡的生活和琐碎的工作时,他们却变得毫无动力了,他们总是习惯把光荣与梦想挂在嘴上,却从不积极地投入到实现那些伟大计划的行动之中。

好员工知道,实干胜于空言,空想不如行动。在工作中,他们有了想法就立即去做,而不只是停留在嘴皮子上。

王鹏曾经做过营销,在报纸上看到一家公司招收销售业务员的广告,赶去应聘。结果,公司老板告诉他来晚了,招工名额已满。不过公司会考虑他的条件,让他回去等消息吧。

谁都知道,回去等消息只不过是一个借口而已,言外之意,王鹏没戏。可是王鹏十分想得到这份工作,因为这家公司的产品是他曾在另一家公司推销过的,而且拥有部分客户资源。

迟来一步,他虽然遗憾,却并不气馁,他决定积极行动起来。于是他三天两头去公司找老板软缠硬磨,一遍又一遍地介绍自己的营销经历和经验,诚挚地表示愿意为公司效力。刚开始的时候,老板还听他讲讲,但是时间一长,老板就懒得理他,甚至多次轰他出去。

后来,王鹏改变了策略:他不再去老板的办公室惹他发怒,而是守在电梯门口,等老板下楼时,他提前为老板准备好了电梯,在电梯里的短暂时间里,他把所有想说的话,精炼成自认为最有效的话,倾诉自己的诚意。他甚至每天换一种"骚扰"方式来达到推销自己的目标。比如每天给老板的手机发一条短信,尤其是节日,他总少不了奉上一条祝福短信。在别人眼里,王鹏这种做法无异于浪费时间,可是王鹏却觉得这是一种积极的行动,只要自己坚持,就能获得老板的认可。

面对王鹏的骚扰,起初老板烦得要命,渐渐地,老板的态度有了缓和，偶尔也和他聊上几句。就这样，王鹏与老板打了两个多月的“游击战”。有一天，老板终于开了恩，他在电话里说：“我们的确不需要销售员了，而且你做销售员也屈才了，这样吧，你来做我们公司销售部的经理吧！”事情正如王鹏所料，积极行动不仅让自己达到了目的，而且还出乎意料地获得了更多。本指望求一粒芝麻，结果捡了一个西瓜。

说到底，行动是一种永恒的成功推动力。当很多人抱着消极和等待的态度坐视时，我们要积极地行动起来。这种行动能够在很大程度上会激励和鼓舞我们全力拼搏，最终达到我们想要的目的。

事实上，那些在事业上取得一定成就的人，无一不是实实在在干出来的。他们不比任何人更聪明，或者是运气要比别人好，而是在于他们抛弃了空谈，用实际行动解决工作中的一个个问题。

好员工告诉你的经验

世上任何事情，如果不下决心去做，就永远没有成功的希望，要想获得成功，就非得打定主意专心致志地去做不可。

5 敢于用业绩说话

【要想成为一个公司里的好员工，就要每时每刻想着如何提升自己的业绩，因为业绩是你在职场中获得成功的根本。】

什么是业绩？业绩，就是指员工工作中取得的成绩、成就，是员工履行岗位责任的成果，是员工一定时间内工作目标的实现程度。一个员工在具体岗位上，做出与之相称的工作业绩不仅仅是岗位职责的起码要求，同样也是检验员工优劣的重要标准。

在IBM，每一个员工工资的涨幅，都以一个关键的参考指标为依据，这个指标就是个人业务承诺计划。只要是IBM的员工，就会有个人业务承诺计划。制订承诺计划是一个互动的过程，员工和直属经理坐下来共同商讨这个计划怎么做更切合实际，几经修改，达成一致。当员工在计划书上签下自己的名字时，其实已经和公司立下了一个一年期的军令状。上司非常清楚员工一年的工作及重点，员工自己对一年的目标也非常明确，所要做的就是立即执行。

到了年终，直属经理会在员工的军令状上打分，这对员工日后的晋升和加薪有很大的影响。当然，直属经理也有个人业务承诺计划，上级经理也会给他打分。这个计划是面向所有人的，谁都不允许搞特殊，都必须按这个规则走。IBM的每一个经理都掌握着一定范围内的打分权，可以分配他领导的小组的工资增长额度，并且有权决定分配额度，具体到每个人给多少。IBM的奖励办法很好地体现了其所推崇的高绩效文化。

业绩是一个企业的生命，每一个企业都把注重业绩当作自己企业文化的重要组成部分，把良好的业绩观当作员工的重要素质标准之一。一个员工如果不能出色地完成本职工作，不能创造业绩，在公司中就没有立足之地。

要想成为一个公司里的好员工，我们就要每时每刻想着如何提升自己的成绩。那么，在工作中如何才能作出令人满意的成绩呢？

(1)用高标准来要求自己

没有高要求就没有高动力。如果要问及很多高效的销售员工，为什么他们能够创造奇迹般的销售业绩，他们的回答各种各样，但是其中有一点非常相似：他们对自己都有着极高的要求。

王强现在是一家公司的高级销售总监，刚开始的时候他也是一个无名小卒，是经过自己不懈地努力才取得了今天的成绩。

王强说他做推销之前就读了很多关于自我启发的书籍，这方面的书籍堆满了他的书架。这些书中给他影响最大的是拿破仑·希尔的《成功哲学》。

他是22岁时和这本书相遇的，至今还有一节铭记在他的心中：“如果你想成功，必须明确自己的追求，并且要明确付出多少代价才能把它搞到手。为此，你要具体地设定目标，详细、周密地做出到达目标的行动计划，尽最大努力去做，每天大声诵读，在没有实现目标之前就以目标的最高标准来要求自己。”当时，他的内心被“实现目标之前就像实现后那样的高要求来认真对待”以及“所有的成功都取决于人的精神状态”这种观点强烈吸引，但并不真正理解它的含义。可是，在他按照这种观点去做以后便开始理解了其中的深刻内涵。

在职场中，我们不能对自己没有要求，要想得到较好的发展就一定要用最高的标准来要求自己。否则，就只能一辈子都做一名不起眼的小员工了。

(2)要努力，也要有智慧

脚踏实地、默默无闻的精神固然重要，但是你需要明白，工作业绩的提升不仅仅是靠个人的埋头苦干，技巧和智慧会让你事半功倍，一味地盲干傻干只能是让你既费体力又费精力，时间久了，自然是苦不堪言，而如果你积极开动脑筋想办法，那你的工作效率肯定会大幅提高，会在短时间内做出更高效的事情，这才是你提升业绩的良方。

(3)不断制定具有挑战性的目标

今天，我们的社会是一个高度竞争、充满机会与挑战的社会，我们只有不断接受挑战才能有所突破，不要只想着安安稳稳地得过且过，如果你一时不想着前进，那你就时刻都在落后，每天都在倒退，最终将被踢出职场。优秀的员工更善于自我鞭策、自我栽培、自我锤炼，而这一切更多的是要在挑战中完成的。

工作业绩的提高应该有一个量化的标准，特别是针对我们每个人，自己心中要有一个标准来衡量自己的工作业绩，每天进步一点点，和自己比赛，这样才能稳步提升。

富有挑战性的目标对于提高业绩至关重要，没有目标的工作，总是没有方向感。我们制定的工作目标可以规定我们完成工作的时间，其中要注意的事项等，还要和上一次的工作进行比较，久而久之养成按着目标行动的习惯。需要注意的是，在达成目标的过程中，要不断总结自己的错误和有用的经验，同时学会向别人请教，将那些优秀的工作方法铭记于心，这样对提升自己的工作业绩会有很大的帮助。

要记住，我们制定那些目标并不是给自己制造难度，而是为了让自己克服困难的，所以目标要制定的恰到好处，要比自己能达到的水平高出一些,这样才能激发我们的潜能。如果实施起来很困难,不妨尝试制定分阶段的小目标,把那个具有挑战性的目标进一步细分化,形成每一阶段不难达成的小目标,一步一步地稳扎稳打,相信你一定会成功的。

(4)在工作中要不断地学习

你的工作业绩最终来源于你个人的学习能力和你对工作的领悟能力,学习与工作相关的各种知识对你提高工作效率会有很大帮助,同时学习会帮助你以后能够承担更有难度的工作。你要知道只有做别人不能做的,你才会在业绩上鹤立鸡群。

好员工告诉你的经验

在现代企业,业绩是衡量一名员工优劣的重要标准。因此,作为一名员工,工作中要努力提升自己的业绩,敢于用业绩说话。

6

行动,行动,再行动是好员工的工作准则

【积极行动是员工最好的品质。当你具有了这种好品质之后,就能干出一番成绩。】

在职场上,行动,行动,再行动是好员工的工作准则。

行动能够让很多人实现他们的愿望,从芸芸众生中脱颖而出。如果人们都能全身心地投入到自己的工作中去,即便是能力一般的人,也能取得很好的成绩。可是职场中,总有一些有拖沓恶习的人,他们经常把手头上的事情搁置不顾,留到日后去解决,却不知这样做不仅仅白白耗费了大好的时间和精力,而且还会影响日后的工作。

在今天,无论在工作中还是在生活上,积极的行动将比什么都重要。如果你已经制订好了详细的工作计划,就不应该有一丝一毫的犹豫,而应该积极投入行动才是,因为稍微的观望、犹疑都会让你错失机遇,让计划化为泡影。

曾经热播的电视连续剧《士兵突击》中有这样的一段情节。许三多还未正式成为老A部队成员时,在某市突然出现了紧急情况:某化工燃料工厂被恐怖分子占据,并且出现了毒气泄露。上级命令许三多和那些正在训练的队员前去执行任务——消灭恐怖分子,解决毒气泄漏的问题。

许三多和他的队友们全副武装,来到了事发地点。许三多十分紧张,当他随着队友进入秘密通道后,一件意外的事发生了,他们的联络工具出现了故障。在这个时候,许三多原本可以撤退,但是他并没有这么做,而是继续前行,最终独自深入敌军内部。不过,让他没有想到的是,就当来到泄露毒气的地方奋力扑救时,身边的"敌人"却哈哈大笑起来,原来这只不过是考验许三多他们执行能力的一场军事演习。也就是这一次,许三多用实际的行动证明了自己,顺利地通过了考验,正式成为了老A中的一员。

一个人要想获得成功,抓住机会非常重要。但是,机会即使来到了你面前,也不会钻到你手中,主动让你去抓的,只有行动才能抓住机会。好员工都明白这一点,也就是因为如此,他们从来都不会坐在那儿等待,而是敢于采取积极的行动。在我们的身边,有许多的人就是因为拥有了这种积极行动的精神而成就了自我非凡的人生。

曾经有一位在读的大学青年,向校长提出了若干改进大学制度弊端的建议。但是最终,他的意见没有被校长接受。于是,他做出了一个重要决定——自己办一所大学,他要自己来当校长,以消除这些弊端。

在当时,办学校至少需要100万美元。

这可是一笔不小的数目,去哪找这么多的钱呢?等到毕业以后再挣?那太遥远了。

他把自己关在屋子里,每天都苦思冥想如何能赚100万美元的各种方法,坚信自己可以筹到这笔钱。在同学们看来,他的想法太不切实际了,那简直就是痴心妄想,甚至有的人认为他神经不正常了,劝他放弃自己的想法,天上不会白白掉钱下来。

终于有一天,他意识到,这样只想不做,等下去永远也不会有答案,于是决定不再一味地思考,而要付出行动。于是,他采用一个在前些日子里想出来的计划,决定给报社打电话,说他准备举办一个演讲会,题目是《如果我有100万美元》。

他给无数家报社打了电话,说明他的想法,但是没有一家报社理会他,还有一些报社取笑他“无知”、“天真”。最后,终于有一个报社的社长,被他的诚意和执著的精神打动了,告诉他有一次慈善晚会,在晚会上,允许他发言,但时间只能是15分钟。

那是场盛大的慈善晚会,有许多商界人士。

面对台下诸多成功人士,年青人鼓起勇气,走上讲台,发自内心、充满激情地说出了自己的构想。

待他演讲完毕,一个叫菲利普·亚默的商人站了起来:“小伙子,你讲的真好。我决定投资100万,就照你说的办。”

就这样,年轻人用这笔钱办了一所自己梦寐以求的大学,起名为亚默理工学院——也就是现在著名的伊利诺理工学院的前身,他实现了自己的梦想。

而这个青年,就是后来备受人们爱戴的哲学家、教育家——冈索勒斯。

冈索勒斯成功源于行动,如果他每天只是苦想如何筹备资金而不采取任何的行动,想出来的方法再多再好都无济于事,因为不行动,再多的想法也不能获得他想要的结果——筹集足够的资金。当他鼓足勇气,当他站出来,将自己的想法付出行动后,他获得了认可,他成功了。

那么,在职场中,我们该怎么做才能让自己积极行动起来呢?

(1)设定行动目标

人只有具备了明确的目标之后才会行动,否则我们根本不知道该往哪个方向行动,也不知道该如何行动。就像一艘船一样,没有终点站,它又该往哪个方向航行呢?即便它真的起航了,也只能是胡乱航行而已。

(2)有了想法就要积极着手

在工作中,想法很重要,但是再好的想法只有在执行后才有价值。一个被付诸行动的普通想法,要比一打被放着“改天再说”或“等待好时机”的好想法更有价值。如果你有一个觉得真的很不错的想法,那就积极地去行动吧。

(3)不要等到条件都完美了才开始行动

任何时候条件都不会很完美,你要想等到条件完美了的时候才开始的话,那么你就永远都不会有开始。在职场,你要知道,没有完美的开始时间。你要想获得成绩,获得成功,那就从现在开始去行动。

(4)用积极的行动来克服恐惧、担心

有时候你之所以会拖延,就是因为你对要做的事情心怀恐惧,担心自己做不好。但是行动是治疗恐惧的最佳方法。万事开头难。一旦行动起来,你就会建立起自信,事情也会变得简单多了,也只有这样,你才能出色地完成老板交给你的任务。积极行动不一定有结果,但是不积极行动一定不会有结果。无论你如何思考,无论你思考了什么,也不论你思考的水平有多高,都不可能通过思考获得成绩,因为成绩永远只能从行动中产生的。

(5)想到就去做,养成不拖延的习惯

很多人之所以失败并不是因为没有能力、没有机会,而是他们不懂得马上行动的道理,最终白白错失了好机会,与成功失之交臂。或许对于这样的失败,我们有些不甘心,甚至有点不可思议:怎么能这样呢?既然有了成功的机会,为什么不马上行动呢?因此,养成不拖延的习惯对于成功来说至关重要。

(6)勇敢地迈出第一步

很多时候,我们之所以行动力很差,并不是我们没有能力,而是我们不敢跨出第一步,总是对未来充满恐惧。其实万事开头难,只要勇敢地迈出第一步,你就会发现,行动原来是如此的简单。

好员工告诉你的经验

世界上任何事情的完成都离不开积极的行动,行动的迅捷和有效,将决定一切事情的进展。可以这么说,行动决定一切,积极的行动比什么都重要。

第三章 自动自发:不是什么事都要上司吩咐

自动自发是一种源自内心深处的精神,一种自觉自愿的心态。一名员工,在这种精神的驱动下,做任何事情都不需要上司的命令、监督和催促,而是主动找事做,自觉把工作做好。

1

看见了不做就等于失职

【如果你对工作抱怨不断、消极怠工，不愿意做你所谓的“讨厌的工作”，那么，你就很难把所有的工作做好，你只不过是在“混日子”罢了！】

在日常工作中，有一些事情是人们不愿意做的“讨厌的工作”，面对这样的工作，有些员工避而远之，看见了就当没看见，从来不会主动去做。要知道，作为一名员工，逃避“苦差役”、“讨厌的工作”就等于失职。好员工从来不会逃避工作，即使是不喜欢的事，他们只要看见了同样会主动要求自己去做。

张亮是某公司的一名普通员工，平时待人十分热情，活泼开朗，积极乐观，谁有什么困难，他总是第一个出现，他能把别人的事情当做自己的来看待，他属于典型的“多血质”性格的人。所以，大家都很喜欢张亮。但是，老板领导觉得张亮还不够严谨认真，过于招摇，不能担当十分重要的任务。但是张亮这样的人在公司还是少不了的，他是大家的“开心果”，能使大家在忙碌的工作之余轻松一下。

有一件事情改变了老板对张亮的看法。

那是早上刚上班的时候，张亮正坐在办公室里办公，忽然听到同事跑进来说道：“不好了，下面出事了！”张亮一听，马上放下文件，跟别的同事一起跑到了楼下。只见许多员工都围着领导叽叽喳喳讨论着。原来是领导把钥匙掉在了地上，当他准备捡起来的时候，一不小心又用脚踢了一下，这一踢不要紧，正好踢

进了旁边的下水道里。这下可急坏了领导,因为那是档案室的钥匙,而今天上午正好要有客户来签字。这批生意是很不容易才谈好的,所以无论如何也不能再给客户添麻烦了。

看着时间一点一点过去,大家谁都没有办法,都露出了焦急无比的表情。有人说找专业的人,但是时间来不及了,有人说用铁丝,但是到哪里找铁丝啊。“干脆下去掏吧!”有人建议。此话一出,大家都愣住了。你看看我,我看看你,因为他们穿的全都是西装,又有哪个人会愿意去掏下水道呢?领导刚露出一点喜色的脸上又被愁容所代替。

这时,只见一个身影从人群中走出来,在下水道旁边蹲了下来,伸手就去搬井盖儿——是的,正是张亮!搬开井盖儿后,他又毫不犹豫地就把手伸了进去,因为比较深,他的身体几乎整个都贴在了地面上。最后,张亮摸到了那把钥匙,所有的人也都松了一口气。

张亮把钥匙冲洗干净后地交给领导,领导亲切地拍了拍张亮的肩膀,说道:“多亏了你……”张亮只是一笑:“这没什么!我在家里经常被我太太指导做这样的事情呢!我还算比较拿手吧,我们家那马桶都是我修的呢!”一席话逗得大家都笑了。

幸好那次及时拿到了钥匙,签字活动才得以进行得很顺利,为公司赢取了很大的利润和很好的声誉。

不久后,张亮就得到了升职,而且领导还给张亮提出了十分实际和中肯的意见,于是张亮在他的职场上愈加老练,越做越好,最后都坐上了“二把手”的位置。他和领导成为了很好的朋友。

“去下水道里掏钥匙”,这样的事情既脏又累,又不体面,大部分人都不会做,何况又不是自己家门的钥匙呢?相信大多数的人碰到了这样的事情,都会装作没看见,避而远之。但张亮看到领导为难的样子,毫不犹豫地去做了,尽管那不是他必须去做的事情。也正是因为张亮的这一举动,赢得了领导的青睐。

从上面的事例中,我们可以看出,在工作之中有些时候不要死心眼,死守着自己的面子,不让自己吃一点亏,而应该像张亮那样,积极主动地去做。再说做那又脏又累的活也是暂时的，正好趁那个机会可以在上司面前好好表现一下，赢得上司的注意，给自己以后更多的机会呢。

当然，人生中谁也难免会碰到徒劳无功的情形。但是，塞翁失马，焉知非福。在漫长的人生路途中，从眼前来看或许有许多的努力都是徒劳无功的，甚至是“瞎忙活”，但又有谁能保证不会为将来的发展栽种下一颗好种子呢？相反的，眼前看起来很光艳耀眼的事，或许很快就褪色，变成了食之无味、弃之可惜的“鸡肋”。由此可见，如果你认为做别人认为的“讨厌的工作”就会吃亏，因而与其他人一样地回避这个工作，那你就和其他人一样，永远也不可能脱颖而出。

事实上，那些所谓的“讨厌的工作”并不一定就是坏事。如果你看到了这样的事并主动去做，并从中发现无限的乐趣，那么你就能达到他人无法达到的境界，获得丰厚的回报。如果你看到了这样的事情不去做，而是刻意回避，虽不能说你失职，但是你放弃了一个极有可能让自己走向成功的机会。

好员工告诉你的经验

想要成功，就要做别人不愿做的事，成为最重要的人。没有人是注定要失败的，从困难中掌握技能，迎难而上，化潜能为成就，就能改变命运。

2

永远不要坐在那儿等工作

【好员工在公司里，不论老板是否安排了工作，他们总会主动去找事做，主动请缨、排除万难、为公司创造利润。】

职场中不乏这样的人，他们总是盯着老板干活，你今天给我多少任务

我就尽量完成多少,想要我多完成一点儿或者完成之后再找点儿别的事儿做,门儿都没有。他们觉得:你就给我那么丁点儿的工资,凭什么给你干那么多的活啊,我又不是傻子。这样的想法很多人都有过。不是说这样想不对,但是你有没有想过,与其这样每天浑浑噩噩地混日子,无聊得要死,莫不如充分的利用好时间多做点儿工作。在完成你本职工作之后再找点儿别的事情做,一天两天的可能看不出什么来,但是老板又不是瞎子不是聋子,时间久了,你的付出一定会有回报的。

一个名校毕业的高材生,毕业后受聘于一家传媒广告公司,第一天报到时他就对部门经理多次强调自己的专业课成绩多么多么的好,而且自己也立志要在本专业上有所建树,还希望经理能够重视他的专业并给他足够的发展空间和机会。但是令他万万没有想到的是,经理没有直接让他参与广告的策划而是先让他在不起眼的企划部实践学习,然后再根据学习的情况和公司的需要做一下岗位调整。这位年轻气盛的小伙子自认为企划根本就不是自己的本行,而且也不是自己想要的工作,认为在这里根本无法发挥自己的专长,于是他在企划部每天都是浑水摸鱼的混日子,没过两个月他就被老板炒鱿鱼了。

一个想要有所作为的员工,他需要平台和机会去不断给自己充电、增长见识、培养技能。他们的危机意识很强,深知提高个人适应市场的能力和自身的价值,才是做好工作的最佳保障,而在工作中最好的学习途径就是自己主动做事,从做事中发现自己的不足。

确实如此,好员工都是不让自己闲下来,主动找事做的人。因为主动找事做,就能更加完善自己,在工作中提高自己的工作能力。好员工每当完成一项工作时,总去翻工作日记,问自己是否所有的目标都已达到?有什么项目需要加上去?还需要向别人学习什么?以使自己的工作能力得到提高。

当然,好员工更不会等老板下命令后才开始工作。如果你习惯于"等待命令",那么你就会从思想上缺乏工作积极性而降低工作效率。一个人一旦被这些消极思想左右,任何时候他都很难要求自己主动去做事。即使是被交代甚至是一再交代的工作,他也会想方设法去拖延、敷衍。事实表明,"等待命令"是对自己潜能的"禁锢",从一开始就注定了平庸的结局。

好员工告诉你的经验

其实，每天多付出一点点并不会把你累垮，相反，这种积极主动的工作态度将使你更加敏捷主动，从而给自我的提升创造更多的机会。

3

多付出一点，就会有多一点收获

【工作中，身为员工不妨让自己多承担一份任务，多一份努力，这样你将会比别人得到的多一些。】

很多职场中人认为：公司的事儿都是公事，和自己没有关系。因此，他们在完成本职工作之后，哪怕是在聊天、喝茶，也不会去做其他的事。他们觉得这样自己就是对公司负责，已经尽职尽责了。像这样的员工充其量只能说是一名合格的员工，并不是一名好员工，当然像这样的人在职场中的发展也极其有限。那些深受老板与上司器重，并得到较好发展的好员工绝不会如此。他们不仅仅要求自己把本职工作做好，还会积极主动找事做。因为他们知道，公司的事就是自己的事，多付出一点，不仅仅能够为公司发展多做出一点贡献，同样还会为自己多获得一点收获。

玛丽是一家超市的收银员，虽然这份工作很不起眼，但是她每天都尽职尽责的工作，从来没有半点怨言。

有一天早晨，有个年轻人急匆匆地来到了她所负责的出口，一脸焦急的表情，他快速地放下手里的物品并从兜里拿出了一张 100 元，而那些物品只需 3 元。

“你有零钱吗？”玛丽问道。

“很抱歉，没有，我身上就带了100元。”他回答道。玛丽不得不做出一个选择。因为那时超市刚开门不久，她的抽屉里只有不到40元零钱。这意味着她不得不拿着这100元去主管那里把钱破开。这是要花费时间的。

看着年轻人焦急的样子，玛丽没有迟疑便做出了一个举动：她把东西和钱递给那个年轻人，然后取出自己的钱包，从中拿出了3元钱放入了抽屉。然后她撕下了购物清单交给了年轻人，面带微笑地说道：“欢迎您再次到我们超市购物。”

“你确定要这么做吗？”年轻人显然很吃惊。

“是的，先生，我看得出您很着急，我不想因为我们的工作而耽误您宝贵的时间，很抱歉，还请您原谅。”

“谢谢。”年轻人感激地说道，然后离开了超市。

本以为事情就结束了，可是过了几天之后，那个年轻人又在玛丽的通道里排队了，这一次他是和他父亲一起来的，原来他的父亲是一家大型建筑公司的老板。

年轻人的父亲对玛丽说：“我希望你知道一件事情，因为你那天为我儿子所做的事情，我决定将我公司的供应商从另外一家超市转到这里来，还有是我真诚地邀请你到我的公司工作，薪水是现在的5倍。”

玛丽非常高兴地接受了老人的邀请，她现在是那个建筑公司的一名业务主管。

在工作中你付出多少就会得到多少，要想得到更多就要有相应的行动，总是想着坐享其成，那样只会害了自己。

对一名普通员工来说，“比别人多付出一点”的工作态度能使你从竞争中脱颖而出，成为老板眼里的好员工。那么，具体应该怎么做呢？

(1)每天多做一点点

“每天多做一点点”是每一位好员工的工作准则，看似微不足道，但日积月累，就会是一笔很大的财富。

许多人总问一个同样的问题，那就是——我为什么要比别人多做一些？这不会马上得到什么好处。但是，你必须每天都这样做，而且要坚持一直做下去，那样你就会有很大的收获。当然，每一个这么去做的人，他们的初衷并不是马上得到成功的机会，但往往机会垂青的也是他们。

在一个多雨的午后，一位老妇人走进了费城一家百货公司，大多数的柜台人员都懒得理她，但却有一位年轻人问她是否能为她做些什么。当她回答说只是在等雨停时，这位年轻人不但没有推销给她并不需要的商品，而且也没有转身离去，反而拿给她一把椅子。

雨停之后，这位老妇人向年轻人说了声谢谢，并向他要了一张名片。几个月之后，这家商店老板收到了一封信，信中要求派这位年轻人前往苏格兰收取装潢一整座城堡的订单。这封信就是那位老妇人写的，而她正是美国钢铁大王卡耐基的母亲。

当这位年轻人打包准备去苏格兰时，他已经升职为这家百货公司的合伙人了。

这位年轻人是不是付出了很多的心血和劳动？不是。他只是比他旁边的人多付出了一些关心和礼貌。但是，再细想一下，他肯定是经常这样做，所以才养成了良好的习惯。由此可见，每天多付出一点点，就应当去期望坚持下去真正做到时刻都多付出一点点，而不是哪天心血来潮了，就多做一点，做好一点，第二天，热情一过，则又回归原样。

(2)八小时之外多做一点

在同一个公司里，干着差不多工作的几个同职级的员工，年终时，有的人得到的红包里装满了钞票，而有的人得到的红包里的钞票却少得可怜。同样，在一个公司里，几个同职级的人干着差不多的工作，某一个人某一天突然晋升，到了更高的职位，拿更高的薪水，而更多的人还在原地踏步，甚至还被降了工资。这是什么原因？

有一个公司的营销部经理带领一支队伍参加某国际产品展示会。

在开展之前，有很多工作要去做，包括展位设计和布置，展示样品组装，资料整理和分装等。因为时间紧急，需要加班加点。可营销部经理带去的那些工作人员中的大多数人却和平日在公司时一样，不肯多干一分钟，一到下班时间，不是溜回宾馆就是逛大街去了。

在开展的前一天晚上，公司老板亲自来到展场，检查展场的准备情况。

到达展场时已经是晚上12点了,让老板感动的是,营销部经理和一个“安装工人”正挥汗如雨地趴在地上,认真地擦着装修时粘在地板上的涂料,而其他人一个也看不到。见到老板,营销部经理站起来对老板说:“我失职了,我没有能够让所有人都来加班。”老板拍拍他的肩膀,并没有责怪他,而指着那个“工人”问:“他是在你的要求下才留下来工作的吗?”

经理说,这名员工是主动留下来工作的,在他留下来时,其他人还一个劲地嘲笑他是傻瓜。

老板听完叙述,并没有说什么,只是招呼他的秘书和其他几名随行人员加入到工作中。

展会结束后,一回到公司,老板就开除了那天晚上没有参加布置展场的所有工作人员,同时,将与营销部经理一同打扫卫生的那名普通工人提拔为安装分厂的厂长。

现在,我们明白了吧。那些不把工作仅仅局限在八小时之内的人所获取的,除了红包,还有发展机会,有增加自身身价、强化自身技能的锻炼机会,以及让自己将来可以把工作做得更好的经验。他们绝不会时时刻刻在脑子里计算自己的工资。主动承担责任,不声不响地承担工作,是他们与生俱来的好品质。他们愿意多做一点,愿意多付出一些。

也可能许多人都会想:“公司和老板为我都做了什么,要我这样付出?”而那些优秀员工会想:“我能为公司和老板做些什么呢?”

90%的人都会觉得,尽自己最大的努力完成自己分内的任务,使自己的工作价值与薪水相抵就行了。但这远远不够,你要获得成功,只有付出越多,你才能收获越多。

3.学会利用“空闲时间”

能够学会利用时间的人,能够获得巨大的成功。事实上,许多人就是因为能够利用空闲的时间,才让自己与竞争对手拉开很大的一部分距离,也就是说我们在工作中要学会“跑步前进”。

那么怎样“跑步前进”呢?

一位商业人士说过这样一段话:“在车上时我都做什么?每遇红灯,我就会把当日报纸拿出来看看大标题、看重点,以便知道世界上发生了什么事。同时，我的耳朵也没闲着，平时我习惯一上车就开始放社会大学的录音带来进行自我充电。但是，在感觉今天的精神比较紧张的时候，则会选听一些开发潜意识的音乐。除了这样之外，我还习惯让眼睛顺便看一下街景，如果偶然有什么感触、想法或创意的话，便在遇上红灯的时候，抽出名片或小记事本来把想法或者心得写下来。这样，比起许多人塞车、等红灯时的心浮气躁，破口大骂，我的时间就利用得比较充分了。”

时间对于每个人来说都是平等的，所以能够在有限的时间内创造更多价值的人就是成功者，也就是说只要能够利用好空闲的时间，就能够让自己“跑”起来，让自己在不知不觉间领先于他人。而这只是需要你在平时多利用些闲暇的时间。而这种行为正是优秀员工需要学习和实践的地方。

4. 持之以恒

能够在工作中多做一点的人，在现实中其实挺多的，但是那几乎都只是一时的乐趣而已，真正成功的人需要的是持之以恒。试想，如果你每一天都持之以恒地多做一点，那么将会有怎样的情况发生呢？所以，优秀的员工想要成为公司的重要人物的话，只是凭借一时兴起而多做一点工作的话是完全不够的，而是要每一天都努力多做一点，以愚公移山的精神来时刻鞭策自己。

每天都积极主动地多做一点，你就会发现自己真正的能力，发觉自己未发觉的潜力，增加你的综合竞争力，并且为你的升职加薪提供更好的“筹码”。

我们总是羡慕那些成功，然而又有谁知道，其实成功者与失败者的差距，并不像大多数人认为的那样是一道巨大的鸿沟横亘，往往是一些小小的事情上，只是在于他们比我们多付出一点而已，例如他们会在每天比我们多花五分钟的时间查阅资料，多打一个电话，多想想工作，在适当的时候多一个表示，多做一些研究，或者在实验室中多实验一次……

好员工告诉你的经验

一个好员工，光是全心全意、尽职尽责为公司工作是不够的，你还要时刻提醒自己,我可不可以为公司、为客户多付出一点点呢?

4

把事情做到前面

【在工作中,我们每个人都应该积极主动,把事情做在前面,不要等到老板催促的时候才去做,更不能像木偶戏中的木偶,老板怎么指令就怎么动。】

郑裕彤是香港金行龙头老大"周大福"的掌门人,但是又有谁知道他在刚出道只是一个小学徒呢?是什么让他如此成功呢?我们来看看他是如何对待工作的吧。

郑裕彤出生于一户贫寒的家庭。为了养家糊口,小学毕业后,郑裕彤就走上了打工的道路。

15岁时,郑裕彤便到父亲的朋友周至元所开的"周大福金铺"去当学徒。他从杂役干起,每日早早赶到金铺扫地、抹灰、倒痰盂、洗厕所。等杂活儿干完了,其他伙计才姗姗来迟,开铺门做生意。那时,在店里做事的伙计都希望自己将来有朝一日能出人头地,郑裕彤也不例外。但郑裕彤与一般的伙计不一样,他特别勤快也特别爱动脑筋,想事情总会比别人想得更多,什么事情到他手里总会有出乎意料的结果。他相信,只要自己肯用心,一定可以让金铺快速发展起来,从而为自己赢得更多成功的机会。

一天,周老板派郑裕彤去码头接一位香港亲戚。这时候,有一位南洋侨商上码头后向人打听上哪儿能兑换港币。郑裕彤灵机一动,就走上前说周大福金铺可以兑换,价格也最公道。随即,郑裕彤就把这位侨商带进了周大福金铺,之后又赶回码头接香港来的东家亲戚。郑裕彤的这一举动得到了周老板的肯定,周老板也慢慢地留意起这个机灵的小伙计。

还有一次,伙计们开工好一会儿了,郑裕彤才气喘吁吁地跑进来。周老板很奇怪,郑裕彤平日里比谁都早到啊,于是他把郑裕彤叫到办公室,打算问个究竟:

“你从哪里来?为什么迟到了?”

“我看人家珠宝行做生意去了。”

周老板心里暗暗吃惊,郑裕彤可着实不同于一般的埋头苦干、闷不出声的伙计啊。但是他不动声色,仍继续问:

“那你说说,你看出什么名堂没有?”

“我看别人家的生意比我们店里做得精明,只要客人一踏进店门,店里的老板、伙计总是笑脸相迎,有问必答;无论生意大小,一视同仁;即使这回生意做不成,但给人家留下了一个好印象,下回还会光顾!”

周老板听了十分高兴,他当然明白,这些都是经商的诀窍,能从一个小学徒口中说出来,就更加难能可贵了。他沉吟片刻,又问:“就是这些了?”“当然还有,店铺一定要选取在生意旺地,门面要装潢得新颖别致,珠宝行和金铺更要豪华气派,不能简陋。”

郑裕彤这一席话让老板对他更是刮目相看,老板认定这个小伙计将来必有前途。自那以后,周老板总是有意识地培养郑裕彤,并提拔他当店里的主管,使他能施展才华,还把自己的宝贝女儿嫁给他,以便他能更踏实地替自己打理生意。

再后来,郑裕彤的机会便不请自来。1945年,周老板让郑裕彤到香港大道去开设一家分店,郑裕彤欣然接受了这个指令。

为了显示出周大福金铺的富贵气派,郑裕彤几乎跑遍了港九所有的金银珠宝行,集各家所长后,把店面装修得富丽堂皇。不久,分店的经营就上了正轨,营业额也日涨月升。到了后来,周老板便把经营权全权交给了郑裕彤。

郑裕彤之所以能从一个小学徒摇身一变成为“周大福”的掌门人,和他在打工期间,自动自发、凡事做在前面的工作态度是分不开的。

在工作中,我们每个人都应该积极主动,把事情做在前面,不要等到老板催促、监督的时候才去做,更不能像木偶戏中的木偶,老板怎么指令就怎么动。好员工都是自动自发的员工,不管老板有没有交代和吩咐,都认为只要是自己该做的事,就会主动做在前面,这样的员工往往有更多的发展机会。

有一家公司的老板想做一个专题研究,他让三个下属一同搜集相关资料。两天后,三个人都把资料交上来了。看得出他们都做了大量的努力,并且为了不做重复工作,他们自己进行了分工,一个负责搜集欧美企业,一个负责日韩企业,一个负责中国本土及其他国家地区的企业。

但是,前两个人仅仅是把搜集到的资料做了简单的归类,而最后一个人却不仅搜集了资料,还对资料做了初步的分析,在此基础上提出了几个不同方向的选题内容,并列出基本框架,而且还特别设计了一份调研问卷,用于企业的定性调研。然后,他说,因为两天的时间很有限,所以调研问卷还不够精细,另外,还有一些思路和想法记在了本上,打算和老板讨论讨论。

虽然他的这些准备还远远不够,但老板很高兴了,因为有了这种“把事情做在前面”的态度,在后面的日子里,他一定会涌现出更多的想法去完善这个专题。

接下来,在完成这个专题的过程中,老板赋予了他更多的权力,另外两个搭档也不由自主地以他为核心。可见,他的自动自发精神不仅得到了上级和同事的认可,而且巧妙地为自己争取到了团队核心地位,奠定了日后被重用的基础。

职场中,有的人整天浑浑噩噩,上级推一下才挪一步,或者说像个木偶似的,老板吩咐什么,就干什么,自己从不主动多做一点,不主动思考怎么做才能把工作做得更快、更好,结果长期不被重用,还慨叹命运的不公平呢!

其实命运是很公平的,因为他们没听到老板也在感叹和抱怨呢!也许老板正在说:“简直受够了!自己从来不知道主动想办法,动脑筋,不知道做好方案实施前的准备工作,而是等待观望,总是导致贻误时机!我是不是该考虑换个人呢……”

千万别让老板这么想，否则你就有危险了。

好员工告诉你的经验

在任何情形下，你都要主动地完成领导安排的工作，将自己的才智变成企业切实需要的利润。有了这种态度，无论做什么工作，都能有很好的成效。

5 只要是跟企业相关的事都主动去做

【作为一名员工，要想纵横职场，赢得老板的青睐，仅仅做好自己的本职工作远远不够，而是应当在工作中始终保持积极主动性。】

职场中，很多人认为，只要做好自己的分内事就可以了，别的事与自己无关。于是，当老板给他安排额外的工作时，他不是抱怨、拒绝，就是敷衍了事。像这样的员工即便能将自我的本职工作做得很好，同样难以在职场中得到较好的发展？好员工则不同，他们认为只要是跟企业相关的事都应该主动去做，不管是不是自己分内的。

小杨是一家汽车销售公司的书记员，工作待遇不错。在平时的工作中，他比较尽职尽责，能按老板的要求完成本职工作。但是他是一个“精打细算”的人，对于本职之外的工作，他从来不会主动去做，认为那些事与自己无关，自己只要做好本职工作就行了。

有一天晚上，公司里因有十分紧急的事，要发通告信给所有的营业处。分布在各地的营业处计算下来有好几百多处，也就是说要尽快把几百份通告信装进信封,然后寄出去。这么大的工作量,仅凭几个人很难在最短的时间内完成,所以老板宣布要全体员工协助。

当这份额外的工作被安排下去时,大部分员工都积极地加入工作。不料,当老板安排小杨去帮忙套信套时,他傲慢地说:"这不是我的工作,我不干!我到公司里来不是做套信封工作的。"

听了这话,老板一下就愤怒了,但他仍平静地说:"作为一名员工,只要与公司有关的事,你都有责任去做。既然你认为这件事不是你应该做的事,那就请你另谋高就吧!"

就这样,小杨丢了工作,也给老板留下了不好的印象。

我们知道,要想在职场中赢得老板的青睐,得到不断的发展,除了自我的本职工作之外,与企业有关的事情都应该主动去做,认真去做。这样,才可以让我们时刻保持斗志,在工作中不断地锻炼自己,充实自己。当然,本职外的工作,也会让我们拥有更多的表演机会,让我们把自己的才华适时地表现出来,引起别人的注意,得到老板的重视和认同。

虽说,做自己职责范围之外的事,并不是员工必须尽的义务,而是员工为了驱策自己快速前进的自愿选择。但是我们要知道,率先主动是一种极其珍贵、备受看重的品质素养,它能使人变得更加敏捷、更加积极。可以这么说,"主动去做任何与公司有关的事"的工作态度绝对可以使我们在竞争激烈的职场环境中脱颖而出,成为深受老板与上司器重的好员工,获得职场的成功。

好员工告诉你的经验

不要总拿"这不是我分内的事"来推脱责任。面对额外的工作时,不妨伸出你的手,并将这作为对自己的一种挑战、一种机遇、一个锻炼的机会。

6

让主动变成一种习惯

【主动是什么？主动就是不用别人告诉你，你就可以出色地完成任务。好员工就是像这样能自动自发地完成任务的人。】

如果我们想为企业创造更好的业绩，成为老板器重的员工，获得更好的个人发展空间，就应在工作中发挥积极主动性，做一个自动自发的人。在好员工身上，我们无一例外地发现他们不但能很好地做好自己的本职工作，完成老板所交代的任务，还会在老板没提出要求的情况下自动自发，积极主动地去工作，为企业创造业绩。这就是他们能取得比其他员工更好的业绩，深受老板喜欢的原因。

小柳是一家公司的秘书，每天早早地来到办公室，在大家到来之前，他就已经把整个办公室打扫得干干净净了。

在一天中午休息的时候，人事部门经理走进来问他，哪儿能找到人来帮忙处理一下手头必须马上就要完成的公司文档。小柳告诉他，公司人都出去用工作餐去了，如果晚来五分钟，自己也会走。人事部门经理听后，带着一点遗憾正想离去。小柳却主动告诉他自己愿意留下来帮忙，因为"午餐可以等一会儿再吃，工作却不能耽误"。

做完工作后，公司的经理询问了小柳的姓名，致谢后离去了。小柳并没有将这件事情放在心上。

工作一段时间之后，年轻而又瘦小的小柳主动请缨，想做一名业务员，公司同意了他的请求。

那个冬天，公司所在地突降暴风雪。业务员大都在快到中午时才姗姗来到办公室，他们围坐在火炉旁尽情地聊着这场罕见的暴风雪。

下午四点半,大门打开了,冒着寒冷刺骨的北风,晃着几乎冻僵了身躯,小柳走进了办公室。"是柳总来上班啦!"几个业务员取笑地说道。

"我把今天的工作都做完了,"小柳说,"像这样的暴风雪,竞争对手也少,我应该更加积极一些,所以给客户们看了不少的样本,我今天得到了43份订单。"

大约在一个月以后,公司人事发生了调动,他们部门要重新调换经理。没有想到的是最后公布出来的名单竟然是小柳。

小柳之所以能得到老板的重视,从一个普通业务员成为部门的经理,主要原因在于他把主动当成了一种习惯。无论是做秘书,还是业务员,无论是端茶倒水的工作,还是出去跑业务,他都积极主动,不怕苦不嫌累。这样的好员工,怎么能使领导对他不另眼相看呢?

让我们把积极主动工作变成一种习惯吧!千万不要以为只要完成自己的本职工作,完成老板交代的工作就够了,而应当始终保持一种积极主动的态度去面对工作,不管老板有没有要求我们那样去做,只要对公司有利,能够为企业创造价值就必须去做。这是一个具有责任感和使命感的员工的最佳体现。

检视一下你自己,看看你有没有被动工作的不良习惯。如果有,就不要再消极地等待了,也不要去抱怨,而应该自我反省、乐于改变。因为只要你想要取得事业上的成功,就应当克服被动工作的习惯,让主动变成一种习惯。那么,如何才能养成主动的习惯呢?

(1)不管老板在不在都一样

工作中,有些员工在老板在或不在完全不是一种状态,老板在的时候就积极工作,做样子给老板看,老板不在的时候就放松自己,懈怠工作。事实上,无论趁机偷懒还是无奈地继续自己的工作,都不是正确的做事方法。尽管后者仍然努力,但那也是防止有人打小报告,告自己的状而已,而不是自己的主动意愿,而是一种被动环境下的努力,这样的努力是没有多大效果的。

好员工任何时候都自动自发地工作,做任何工作都竭尽全力,绝不会偷懒耍滑。他们的积极主动是发自于心,表露于外,绝不是"装样子"、"假积极",更不是老板来了就做给老板看,老板在与不在,他们都一样积极努力。因而,他们总会得到老板的肯定和奖赏。

要想养成主动工作的习惯,就要像好员工一样,做到不管老板在不在都一样积极主动地工作。

(2)不只做老板交代的工作

对于老板来说,那些能够准确掌握自己的指令,并加上自身的智慧和才干,把指令内容做得比预期还好的员工,是老板欣赏的人。当然,这种人的主动仅仅只是体现在老板指令的基础上,还多少带有被动的痕迹。

好员工不会这样,他们不仅仅会完成好老板交代的工作任务,还会在工作中始终保持积极主动性,只要自己看到的,不管有没有老板吩咐都会去做。因为他们知道老板有老板要做的事,在布置与安排工作任务时不可能做到面面俱全,总会有考虑不到的地方。作为公司的职员,有责任要求自己这么去做。

好员工告诉你的经验

好员工在工作中永远保持积极主动,不等待老板的指示和交代,便去做自己应该做的事,有时候甚至比老板还积极。在工作中,每一位员工都应该养成这样的好习惯。

第四章　勇于负责：认识到工作就代表着责任

工作就代表着责任。好员工不怕承担责任，更不会推卸责任，他们把责任装在心里，握在手里，任何时候，任何工作都全力以赴，尽职尽责。而有些员工原本能力出众，却难以得到较好的发展，就是因为缺少尽职尽责的工作态度，不能把工作做到位。

1

这就是我的工作，这就是我的责任

【只有不推诿责任，以“这就是我的工作，这就是我的责任”为工作准则的人才能在竞争激烈的企业中有很好的发展。】

“这是我的工作”，每一位身在职场的人必须牢记这一句话。因为每一个岗位都拥有着自己的责任范畴，而身处在这个岗位，想要在这个岗位上有所成就的话，那么就要认清自己岗位的责任，告诉自己“这是我的工作”，这样才能真正地明白自己的责任所在，才能真正地做到为自己负责，为工作负责。

“这是我的工作”，是每一位好员工的工作准则。

职场中的很多人只把工作当作赖以生存的手段，当成了一种简单的赚钱的工具，希望能从中得到金钱、地位就行了，而很少考虑自己应尽的责任。

一个没有责任感的员工不会是一名优秀的员工。每个老板都很清楚自己最需要什么样的员工，哪怕你只是一名做着最普通工作的员工，只要你担当起了你的责任，那么，无论你的工作多么的不起眼，你个人的学历如何，在老板的心目中你就是他最需要的员工。

企业是由一个个人组成的，大家有共同的目标和共同的利益。因此企业里的每一个人都负载着企业生死存亡、兴衰成败的责任。这种责任是不可推卸的，无论你的职位是高还是低，意识不到这一点，就是失职。一个不负责任、没有责任意识的员工，不但不会忧企业之忧，想企业之所想，而且有可能给企业带来损失。

某城市一家大型连锁超市的零售业经理在下属的一家超市视察时,看到自己的一名员工对前来购物的顾客极其冷淡,偶尔还发发脾气,令顾客极为不满,而他自己却不以为然。

这位经理问清缘由之后,对这位员工说:“你的责任就是为顾客提供服务,让顾客满意,并让顾客下次还到我们这里来,但是你的所作所为是在赶走我们的顾客。你这样做,不仅没有担当起自己的责任,而且正在使企业的利益受到损害。你懈怠自己的责任,也就失去了企业对你的信任。一个不把自己当成是企业一分子的人,也就不能让企业把他当成自己的人,你可以走了。”

在一家企业里,员工责任感的高低在很大程度上能够决定一个企业的命运。而员工责任感的匮乏,往往会成为一个企业运营不善的直接原因。一个企业里,如果每个员工工作时实心实意、尽职尽责,相信这个公司的效益肯定会很好,一旦公司的效益好了,那么员工的薪酬待遇也会相对应地提高。

对那些在工作中推三阻四、老是抱怨、寻找种种借口为自己开脱的人;对那些不能最大限度地满足顾客的要求、不想尽力为超出客户预期提供服务的人;对那些没有激情、总是推卸责任、不知道自我批评的人;对那些不服从上级指示、不能按时完成自己的本职工作的人,最好的救治良药就是大声而坚定地告诉他:记住,这是你的工作!

美国前教育部长威廉·贝内特曾说:“工作是我们用生命去做的事。”对于工作,我们又怎能去懈怠它、轻视它、践踏它呢?我们应该怀着感激和敬畏的心情,尽自己最大的努力把工作做到完美。

选择了这份工作,你就必须接受它的全部,担负起天经地义的责任,而不是仅仅享受它给你带来的益处和快乐;就算是屈辱和责骂,那也是这个工作的一部分。如果一个清洁工人不能忍受垃圾的气味,他能成为一个合格的清洁工吗?

职业生涯中总会有不如意存在,面对自己不满意的工作,不要有任何抱怨,平静地接受并尽力做好它才是问题的关键。任何工作即使再普通,也有一份责任在里面,你都应该勇于承担起这份责任。

某大公司准备招聘一名办公室文员,在众多的报名者中,小曲和小刘因为是公关专业的科班,而一同闯入了“决赛”。两人将接受办公室主任的最后面试。

小曲被领进办公室后,不一会儿工夫就高高兴兴地走了。她被告知:等电话通知结果。小刘进办公室后,也很快地走了出来。不过,她手里提着两个保温瓶——去打开水了。

原来,在她俩分别走进办公室的时候,主任都是坐在那里看文件。只是,严冬季节开着空调,办公室却敞着房门。小曲走进去时,她也发现了这个问题,但她认为这是主任的疏忽,或因通风需暂时开开门。当主任让她坐下时,她看了看沙发却没有坐下。一是因为有些紧张;二是因为她看到沙发套都脱落成一团,嫌麻烦。而当主任非常客气地告诉她,因为内勤有事请假,也没法给她水喝时,她非常客气地回应:“我不渴,谢谢!”

小刘走进办公室,看到空调开着时,就回身轻轻地关上了门。当主任让她坐下时,她先动手整好了沙发套,然后才坐到沙发上。当主任非常客气地告诉小刘,因为内勤有事请假,也没法给她水喝时,她拎着空壶就去打开水。当水打回来后,小刘给主任倒上了水。主任笑着问她:“你怎么这样勤快呀?”她也笑着说:“我来应聘就是来干事的!”主任站起身,郑重地告诉她:“你被录用了,明天就来上班吧!”

一个人不管从事什么工作,都应该尽心尽力,把工作做到最好。“这就是你的工作,这就是你的责任”,无论你身处何处,只要怀着一颗负责任的心,全身心投入到工作中,你就一定会取得成就。

记住。这就是你的工作。工作,就要义不容辞地承担责任,更要毫无怨言地去主动执行。只有这样,你才能让成为公司里的好员工。

好员工告诉你的经验

责任是对工作义务的担当,是对工作的积极接受。当一个人能够意识到自己的责任时,他又在完善自己的道路上迈出了一大步。

2

把责任根植于心中

【尽职尽责是好员工的特质,也是他们坚守的职业道德情操,他们把责任根植于心,把责任融入自己的生命,任何时候都以责任为重。】

没有责任感的公民不是好公民,没有责任感的员工不是优秀的员工,没有责任感的人不是完整成熟的成年人。在任何时候,责任感对自己、对国家、对社会都是不可或缺的。

责任感是人走向社会的关键品质,是一个人在社会上立足的重要资本。一个单位总是希望把每一份工作都交给责任心强的人,谁也不会把重要的职位留给一个没有责任心的人。

尽职尽责是好员工的特质,也是他们坚守的职业精神,他们把责任根植于心,把责任融入到自己的生命,任何时候都以责任为重。

将责任根植于内心,让它成为我们脑海中一种强烈的意识,在日常行为和工作中,这种责任意识会让我们表现得更加卓越。我们经常可以见到这样的员工,他们在谈到自己的公司时,使用的代名词通常都是“他们”而不是“我们”,“他们业务部怎么怎么样”,“他们财务部怎么怎么样”,这是一种缺乏责任感的典型表现,这样的员工至少没有一种“我们就是整个机构”的认同感。

将责任根植于心的员工从来不把责任当成义务,而是当成义不容辞的使命,因此,无论在什么情况下,无论在什么时候,他们都会把责任作为自己工作的标准,视责任为第一。

有一位退伍战士回到原籍不久,报名应聘一家公司的秘书。经过几轮筛选,到考试时,百余名应试者所剩无几。角逐继续进行,可笔试题让这位退伍战士很为难。内容是:“请你写出原单位名称,有多少人,在单位负责什么和你将为本公司提供什么最有价值的材料?”身为退伍军人,他忘不了在部队所接受的保密教育。“宁愿落榜,也不能泄露军事秘密。”想到这里,这位退伍军人在试卷附页上写道:“我非常愿意加入贵公司,可作为一名退伍军人,保守军事秘密是我义不容辞的责任。我只能交上一份空白的答卷,请谅解。”

在多项测试中对这位退伍战士一直看好的招考人员,无不感到吃惊和惋惜。公司总经理得知此事,立即调阅了他的全部应试材料,面对那张唯一的“白卷”,他露出了满意的微笑。他对下属说:“懂得保守军事秘密的人,同样懂得保守商业秘密。这位退伍战士政治素质好,责任感强,应当优先录取。”

把责任根植于心的员工,任何时候都不找借口推卸责任。在工作中,员工可能会遇到这样或那样的问题,是不断地找借口予以回避,还是迎着困难主动去解决呢?拿出勇于负责的精神和义不容辞的气魄来,主动去解决它,你就是好样的!

有一天,一位推销员走进一家小商店,看到主人正忙着打扫卫生。他热情地向店主介绍和展示自己公司的日用品,然而店主却默默地望着他,对他的举动毫无反应。

这位推销员毫不气馁,他又主动地拿出自己所带的样品向店主推销。他认为,凭着自己的热情、执著以及完美的推销技巧,店主一定会被他说服而最终向他购买产品的,但是,令人难以理解的是,那店主却愤怒万分,用扫帚将他赶出了店门。

这位推销员被店主的恨意震惊了,他决心查出店主如此恨他的原因。于是,他利用休闲的时间去其他推销员那里了解情况,终于他搞清楚了那个店主对他如此不满的原因。原来,由于他前任推销员工作上的失误,使这个店主积压了大批的存货,致使资金无法周转,店主的经营也因此受到了影响。

虽然这件事和他并没有多大关系,但他认为,作为公司的一员,他有义务解决他前任所遗留下来的问题,更有责任通过自己的努力来挽回公司在信誉方面的损失。于是,他疏通了各种渠道,重新做了安排和部署,并利用自己的人际关系请来一位较大的客商,以成本价买下了店主的存货,使店主积压的资金得以回笼。

结果不言而喻,这位推销员受到了店主的热烈欢迎。他用自己的责任心帮助公司重新赢得了客户的信任,同时,也赢得了老板的信任,被提升为业务经理。

在困难面前消极逃避,你的工作能力自然得不到提高。长此以往,业绩和成效也将大打折扣。只有迎难而上,积极应对,认真分析问题,找出解决的方法,并坚定不移地执行下去,才是正确的工作态度。

把责任根植于心的员工,对于责任的承担是顺理成章自然而然的事。不需要任何人的提醒,更不需要任何人的监督。在他们的心里,完成自己的使命、承担自己的责任已经深深地浸入到了血液里,植根在了生命里,任何时候都不会忘记。

在1968年墨西哥奥运会比赛中,最后跑完马拉松的一位选手,是来自非洲坦桑尼亚的约翰·亚卡威。他在比赛中不慎跌倒了,但他仍拖着摔伤且流血的腿,一瘸一拐地跑着。所有选手都跑完全程很久了,直到当晚7:30,约翰才最后一个人跑到终点。这时看台上只剩下不到1000名观众,当他跑完全程的时候,全体观众起立为他鼓掌欢呼。之后有人问他:“为何你不放弃比赛呢?”他回答道:“国家派我由非洲绕行了3000多公里来此参加比赛,不是仅为起跑而已——乃是要完成整个赛程!”

是的,他肩负着国家赋予的责任来参加比赛,虽然拿不到冠军,但是强烈的使命感驱使他不当逃兵。这就是优秀者之所以优秀的关键。

一个人无论从事什么样的职业,都应该时刻把责任留在心中,都要尽自己最大的努力,取得不断的进步。这不仅仅是工作的要求,更是你人生的原则。一个员工只有忘我地工作,才能取得一定的成就。

作为一个企业的员工,无论做什么工作,都要沉下心来,脚踏实地、兢兢业业地去做。要知道,你把时间花在什么地方,你就会在什么地方看到成绩。如果你从工作的第一天起心里就压根没有“职责”二字,即使你把分内工作完成了也不会得到老板的赏识;工作的时候如果能把责任装在心里,你就会更加用心地去完成它,这样的工作是很有效率的,这样一来,不仅公司的效益上去了,你也会随之受益。

接下来,让我们来看看孟欣的故事。

孟欣大学毕业之后，就应聘到一家外贸公司的人事部工作。虽说她在校时的专业课成绩很好，但是由于没有工作经验，就不能受到领导的赏识和重视。她每天上班的工作就是：拆应聘信，翻译；翻译，拆应聘信。工作量很大而且枯燥无味，每天都忙得四脚朝天。可是，孟欣从来都不急不躁，对于这份工作她一点怨言都没有，一直都是很细心地做着。

半年以后，孟欣被提升为人事部经理。升迁的理由是：一个名牌大学毕业的硕士生每天能够不厌其烦地整理出有价值的信件，推荐给上司，她以自己的工作表现赢得了管理层的欣赏。

总经理认为：孟欣能够尽职尽责，忠于职守，无论自己的工作多么的卑微，她都毫无怨言，能够做到干一行爱一行，能把自己岗位上的每一件事情都办得非常出色，企业需要的就是这样的员工，理所当然应该给她一个好的职位，让她好好地发挥自己的作用。

当一个人心中有了责任感之后，他就会对自己的工作负责任，这种积极向上的观念和想法是很重要的，它会促使你不断地把工作做好，在工作的时候一切都以公司的利益为先、为大，一切从公司的利益出发。想一下，这样的员工怎会不受到大家的尊敬，怎会不受到老板的赏识呢。

在工作中如果你经常把“责任”二字挂在嘴上而不去实践它，你就会活在自己给自己编织的谎言当中，这种谎言一旦被老板识破了，你会失去很多发展的空间和机会。要想把握自己，给自己的前程一个很好的交代，那么请从现在开始把责任留在心中，时时刻刻带着这两个字投入到你的工作中，这才是最好的做法。

好员工告诉你的经验

在任何公司里，好员工都是将责任根植于心，将责任沉淀在自己生命里的人。在他们心中，责任永远第一，经历多少困难，付出多少艰辛，得到多少报酬，这些对他们来说都不重要，重要的是他们承担了自己的责任。

3 面对错误,不推卸责任

【人难免有疏忽的时候,没有谁能做到尽善尽美,这是可以理解的。但是,如何看待已经出现的问题,是否能勇于承担起责任,这才是最重要的。】

在实际工作中,总会有一些人在任务出错时,对上级说:“都是因为他。”并把手指向某人或者某部门,辩解说是他人把事情弄砸的。这种为了推卸自己的责任,嫁祸他人的做法,是不负责任的行为。

在现代职场上,每一个部门和每个岗位上都有着明确的职责。但是,也总会有一些突发事件或者意外的任务,无法明确地划分到哪个部门或个人,而这些事情往往还都是比较紧急或重要的。如果你是一名合格的员工,在处理这些事务时,一不小心把事情办砸了,就要勇敢地承担起责任,千万不要为了推卸责任,而寻找借口,嫁祸他人。这样的话,不但于事无补,还会为自己带来严重的后果。

贾祥是某大型建筑公司的工程部经理。一次,他的上司安排他去处理公司在外地的一桩收尾工程中与当地居民发生的纠纷。本来,这些事务不属于他的职责范围,但是,公司一时找不到合适的人选,总裁看他能言善辩,又极懂周旋,让他暂时把手中的业务交给属下打理,到外地与公司分部的几位负责人共同处理那件事。

到了外地之后,贾祥因不了解当地民俗民情,在处理事务中,又自恃是总裁派下来的人,不懂得与几位分部的负责人积极配合,共同处理协调事务,一意孤行,结果事情没办好不说,还与当地的民众发生了尖锐的冲突。当总裁责怪他时,他便把责任统统推到分部的几位负责人头上。

总裁对事情进行了一番详细的调查后，了解到了事情的全部过程，知道问题就出在他的头上，便把他责罚一顿，因此也对他的人品和能力产生了怀疑。

事隔不久，贯祥因为公司工程上的一些业务，与分部那几位负责人进行工作方面的交接，人家都暗恨他当初嫁祸于人的做法，借机报复他。导致了他业务上的失败而不得不辞职，离开了这家极有发展前途的公司。

一名员工或者主管，在接到上司交付的任务时，就要学会与同事合作。在工作的过程中，积极配合、互相协调一致地把工作努力干好，而不是自作聪明、一意孤行。同时，作为一名员工，也应该互相照顾、勇于负责，而不该在事情办砸之后，为了推卸自己的责任，而寻找借口，嫁祸于人。

人们往往喜欢邀功，却不愿对自己的失职承担责任。有时甚至为了逃避责任，编造出种种借口。如“我手头没有那方面的资料”，“都是因为他，我才没完成任务”，等等。

要知道，一个人与其为自己的失职寻找借口，倒不如坦率地承认自己的失职。老板会因为你能勇于承担责任而不责难你；相反，敷衍塞责，推诿责任，找借口为自己开脱，不但不会得到理解，反而会产生更大的负面作用。

好员工从不推卸责任，愿意对工作中发生的一切，不管是好是坏，都主动承担责任。并且无论责任的大小，都会义无反顾地承担，哪怕是极小的责任。

两个很优秀的年轻人毕业后一起进入大荣公司，不久被同时派遣到一家大型连锁店做一线销售员。一天，这家店在清理账目的时候发现所交纳的营业税比以前出奇地多了好多，仔细检查后发现，原来是两个年轻人负责的店面将营业额多打了一个零！

于是经理把他们叫进了办公室，当经理问到他们具体情况时，两人面面相觑，但账单就在眼前，事实确凿。

在一阵沉默之后，两个年轻人分别开口了。其中一个为自己解释说：“刚开始上岗，所以有些紧张，再加上对公司的财务制度还不是很熟,所以……"

而在这时,另一个年轻人却没有多说什么,他只是对经理说:"这的确是我们的过失,我愿意用两个月的工资来补偿,同时我保证以后再也不会犯同样的错误。"

在走出了经理办公室之后,开始说话的那个员工对后者说:"你也太傻了吧!两个月的工资,那岂不是白干了?这种事情咱们新手随便找个借口就可以推脱过去。"

后者听完只是笑了笑,什么都没说。这件事看似就这样过去了,但那以后,公司里有好几次培训学习的机会都无一例外地给了那个勇于承担失误的年轻人。另一个年轻人坐不住了,他跑去质问经理为什么这么不公平。经理没有对他做过多的解释,只是说:"一个事后不愿承担责任的人,是不值得公司信任和培养的。"

错误一旦产生,你无论寻找出多么完美的解释,都不能弥补因为自己的失误而为公司造成的损失。由此可见,在工作中出现失误时,聪明的做法不是寻找借口为自己辩解,而是承认自己的错误,总结自己的错误,从自己的错误中得到教训。

其实,人难免有疏忽的时候,没有谁能做到尽善尽美,这是可以理解的。但是,如何看待已经出现的问题,是否能勇于承担起责任,这才是最重要的。那么,怎样才能成为一个勇于负责,主动承担责任的人呢?

最重要的是要做到不要因为责任小就推卸,而应当养成即使是再小的责任都要勇于承担,敢于承担的习惯。因为,在很多的时候,习惯决定了我们的行为方式。如果,你在工作中出现了错误,并且这一错误很小,没有带来什么直接的影响,加上老板和上司因为其他的工作要忙,对此有所忽视,没有提及此事 ,你因此乐的不去说明。长此以往,一次,两次,三次……你慢慢地就养成了一种习惯,认为这种细小的错误并不能算作是错误,不屑于为此承担责任。这不仅让你养成了忽视小事的习惯,还会让你养成推卸责任的习惯,以至于在以后的工作中,无论出现什么问题,你都会自然而然的采取推卸的方式,寻找辩解推脱的借口。

如果,你真的想要在职场中做出一番成就,就要抛弃因为责任小而推卸责任的习惯,加强自我责任意识的锻炼,做一个真正勇于负责、敢于承担责任的人。

人非圣贤，孰能无错。在工作中，不论多么优秀的员工都会有犯错的时候，你千万不要为自己的错误找借口，而是要选择积极地承认错误，积极地改正错误，只有这样，你才能够真正地对自己的工作负起责任，才能变得更加成熟，才能成为公司的好员工。

好员工告诉你的经验

想要获得成功的员工，在犯下错误的时候，不要逃避，不要寻找借口或者解释，而是要勇于接受自己的错误，勇于接受因为自己的错误而产生的现实。

4

责任不是口号，而是行动

【好员工知道，责任不是口号，而是行动，因此他们才能尽职尽责地把工作做得更好。】

勇于负责是好员工的标准。不论做什么工作，不论在什么情况下，好员工都会以责任为重，要求自己尽职尽责地把工作做好。不仅如此，他们还知道，责任不是口号，而是行动。也就是因为如此，他们才能做出比普通员工更好的成绩。我们来看看奥达克余公司的售货员是怎么做的：

一天下午，东京奥达克余百货公司的售货员彬彬有礼地接待了一位来买唱机的美国顾客。售货员为她挑了一台"索尼"牌唱机。事后，售货员清理商品却发现，错将一个空心唱机货样卖给了那位美国顾客，于是立即向公司警卫作了报告。经理接到报告后，觉得事关顾客利益和公司信誉，非同小可，马上召集有

关人员研究解决对策。最后经过了解得知那位顾客叫基泰丝,是一位美国记者,她留下了一张"美国快递公司"的名片。根据这仅有的信息,奥达克余公司公关部开始一连串近似大海捞针的寻找。打电话,向东京各大宾馆查询,无果。向纽约的"美国快递公司"总部查询,深夜得到基泰丝父母的电话。给她父母致电,才得到基泰丝在东京的住址和电话。他们忙了一夜,总共打了35个紧急电话。

第二天一早,奥达克余公司就给基泰丝打电话道歉。几十分钟后,奥达克余公司的经理和提着东西的公关人员,乘车赶到基泰丝的住所。两人进了客厅,见到基泰丝就深深地鞠躬表达歉意。除了送来一台新的合格的"索尼"唱机外,又加送唱片一张、蛋糕一盒和毛巾一套。接着经理打开记事簿,向她讲述了及时纠正这一失误的全部过程。

这让基泰丝深受感动。她告诉公关人员她买这台唱机,是准备作为礼物送给东京的婆婆。回到住所试用时发现唱机没有装机芯,根本不能使用。当时她很生气,觉得自己上当受骗了,立即写了一篇《笑脸背后的真面目》的批评稿,并准备第二天一早去奥达克余兴师问罪。没想到,奥达克余公司纠错如救火,为了一台唱机,花费了那么多的精力。这些做法,让她敬佩,她又重新写了一篇题为《35次紧急电话》的特写稿。

奥达克余公司的员工如果缺乏责任意识,就不会有这样大海捞针的行动,没有行动就不能及时挽救错误,挽救公司的名声。正是因为经手的这位员工和经理高度的责任心和切实的行动才转变了整个事件。

一位先哲说过:"不论你手边有何工作,都要尽心尽力去做!"无论做什么事,都必须竭尽全力,把责任落实到自己的行动中。只有一丝不苟的责任精神和认真负责的工作作风,才能把工作做到最好,才能让我们在普通的工作岗位上也能创造奇迹。

那么,作为一名员工,如何才能把责任落实到行动上呢?以下几点建议可以供你参考:

(1)明确自己的角色

在公司中,老板的角色是制定策略、下达命令等,员工的角色是接受指示,完成任务,落实责任。好员工懂得充分认知自己的角色,定位自己的角色,然后有效地去落实自己的责任。

有一家酒店以服务卓越著称,而服务卓越直接来自于酒店员工对角色的充分认知——让顾客满意是所有员工的角色要求。一次,有一个客人因为急着赶航班而把行李遗忘在酒店里,他在机场给酒店打电话,酒店立即派了个门童给客人送行李。但门童赶到机场时,飞机已经起飞了,这个门童立刻想办法和这个客人取得联系,并通过航空邮寄,把行李送到了客人手中。

门童之所以有这样的举动,并不是他的岗位职责决定的,而是来自于他对自己角色的深刻理解。他认为为了不让客人着急,应该想方设法把行李送到客人手中。可见,明了自己的角色是解决责任落实问题的关键!员工能否实现行动目标、能否在行动过程中充分展示自己的能力,落实自己的责任,首要的问题就是他能否充分认知自己的岗位角色。

(2)明白责任不落实的代价

好员工明白,责任不是口号,而是行动。在工作中,我们应该把责任落到行动上,否则一切都是空谈。要想把责任落到实处,首先要明白责任不落实的后果,明白如果失职失责,就会付出代价,有时甚至是性命的代价。

2004年2月15日,吉林市某商厦发生特大火灾,造成54人死亡、70余人受伤,经济损失难以估量,对社会的负面影响更是难以用数字估计。事后查明,导致这场特大火灾的直接和间接原因有三:一是火灾是由商厦某雇员失去责任心,在仓库违章吸烟所引发;二是在此之前,商厦管理处未能负起责任,及时整改火灾隐患,消防安全措施没有得到落实;三是火灾发生当天,值班人员擅自离岗,致使群众未能及时疏散,最终酿成了悲剧。

责任心一旦缺失,必然会酿成大祸!好员工是绝不会允许这样的事情发生的,因为他们已经将责任刻在心里,将责任融入到了自己的生命里,落实在了每一次行动上。

(3)随时随地开始奋斗

很多职场人都认为只有当自己到达某个阶段的时候,才值得自己去奋斗。特别是刚入职场的年轻人,这种情况更为明显。如他们觉得只有当自己成为总经理助理的时候,才值得自己去奋斗,或者只有当自己月薪达到5000元的时候,自己才值得去奋斗。

那么事实是不是如此呢?毫无疑问,不是!

只要一踏入职场,一进入到工作岗位,我们就应当、而且必须随时随地进行奋斗。只有这样,你的工作才会有起色,才能改变自己,才能得到更好的发展。

江敏大学毕业后,怀着一腔热忱来到北京,孤身一人开始在北京寻找发展的机会。在这个人才济济的城市中,她四处碰壁,为了能够生存下去,她在一家公司找到一份当杂工的工作。受过高等教育的她并没有轻视这份工作,她非常珍惜这个来之不易的工作机会,决心就从这里开始奋斗,走上她的成功之路。她在这家公司当杂工非常努力,每天她都要比别人多干一倍的工作。

她的努力引起了老板的注意,老板觉得她踏实肯干,就把她调到销售部工作。因为这是有一些技术性的工作。从此以后,她在下班后就开始学习,研究怎样能把产品更好地卖出去。她的销售技术很快就超过身边的同事。于是她被提升为销售部的领班。从此,她又开始学习管理方面的知识,增强自己的能力,提升自己的工作水平,让自己的表现越来越突出。就这样她又一次获得了提升,成了销售部的经理。这时,人们才发现,原来,江敏是某知名大学的优秀本科毕业生。

无论是文凭还是能力,都不能成为你拒绝随时随地奋斗的借口。任何一个人,只要身在职场就必须随时随地努力才不会被淘汰。

(4)优化责任的落实流程

我们都知道"田忌赛马"的故事:

有一天,齐王要田忌和他赛马,规定每个人从自己的上、中、下三等马中各选一匹来赛。并约定,每有一匹马取胜可获黄金千两,每有一匹马落后要输掉黄金千两。当时,齐王的每一等次的马比田忌同等次的马都要强,如果田忌用自己的上等马与齐王的上等马比,用自己的中等马与齐王的中等马比,用自己的下等马与齐王的下等马比,则田忌要输三次,输掉三千两黄金。但是结果,田忌没有输,反而赢了两千两黄金。这是怎么回事呢?

原来,在赛马之前,田忌的谋士孙膑给他出了一个主意,让田忌用自己的下等马去与齐王的上等马比,用自己的上等马与齐王的中等马比,用自己的中等马与齐王的下等马比。田忌的下等马当然会输,但是上等马和中等马都赢了,因而田忌不仅没有输掉三千两黄金,还赢得了两千两黄金。

为达到目标(赢得奖金)、完成任务(赛马获胜),在资源条件不变的情况下(不同等级的三匹马),田忌通过改变匹马参赛的次序——由上、中、下改为下、上、中,构成了不同的流程,结果却截然不同。

这个故事通俗地说明了合理的程序在行动中的重要作用。在工作的过程中,作为一名员工同样需要优化责任的落实流程,即明白事情的轻重缓急,知道应该先做什么后做什么,这样才能使行动更有价值,才能获得优异的落实效果。

好员工告诉你的经验

勇于负责,不是天天把“责任”二字挂在嘴上,而是要切切实实地付出行动。

5 尽职尽责把工作做好

【认认真真,尽职尽责的员工一定可以创造出优秀的业绩,最终成为职场上的赢家。】

每个公司都可能存在这样的员工:他们每天按时打卡,准时出现在办公室,却没有及时地完成工作;每天早出晚归、忙忙碌碌,却不愿意在工作

上做到尽职尽责。对他们来说,工作只是一种敷衍:敷衍老板,敷衍公司。

一年365天,一天24小时,一小时60分钟……他们在敷衍中生活、工作,做一天和尚撞一天钟。想想看,像他们这样又怎么能把工作做好,得到较好的发展呢?

董伟是一家外贸公司的采购员,他这个人什么都好就是工作太能应付,老板要是交给他点什么任务,他完成的倒是快,但是却留有许多小问题。为此,老板警告他,如果再在工作中应付了事的就要把他给辞掉。平日里老板和员工们的关系都很好,董伟以为老板是在和他开玩笑,也没太在意这件事情,没想到时隔不久,老板真的把他给辞了。

原来,最近公司的业绩不太好,老板就给员工开会让大家多努力努力把公司的效益提高上去,于是就交给了每个人工作任务,董伟的主要工作就是负责国内的采购工作,但是由于董伟已经养成了应付了事的坏习惯,再加上他还不知道悔改。当老板交代完任务之后,其他的同事都一板一眼,认认真真地开始工作,只有董伟一个人边玩儿边工作,结果他的工作做得是稀里糊涂的,直到老板催他的时候他才把任务报表交上去,老板一看他这个工作进度就知道他又是在应付了事,工作的时候肯定是又玩儿游戏了,老板觉得他这个人已经到了无可救药的地步了,连想都没多想就把他给辞掉了。

现实中类似董伟的员工不在少数。他们虽然跟那些好员工一样在工作,但是却缺少一种认真的态度,对工作敷衍了事,以至工作虽然做了,却难以取得什么实际效果。试想一下,像这样又怎么能得到老板与上司的器重,又怎么能在职场上获得较好的发展呢?那些深受老板与上司喜爱的好员工绝对不会如此,他们总是以一种高度的责任感去面对自己的工作,始终要求自己尽职尽责地把工作做好。也就是因为如此,他们最终获得了成功,成为了职场上的赢家。

有一家汽车修理公司,里面的职工大都是从乡村来的青年人,老板为了提高他们的业务水平,嘱咐他们平时向资深的老技术工人多请教请教,但这些青年都把老板的话当做耳旁风,没有谁真的这么做过。

某天，厂里新来了一个年轻人，衣着朴素，甚至有些土气。他干起活儿来十分卖力，不仅仅连其他的同事不愿意干的活儿他都会主动去做，还经常泡在几辆教练车里，东拆拆西动动，对于一些弄不明白的事就及时向老技术工人请教，以至于同事们下班都离开了，他还在忙碌。由于他的这种表现，同事们戏称他为“傻子”。

“干什么啊？兄弟，难道你想自己开个公司造这玩意儿?”一个伙计笑着对他说。

“傻子”只是笑笑，并没有说什么。因为他知道，既然自己选择了这份职业，并且在这家修理厂工作，那么自己就应当尽不断地提升自我的业务水平，把工作做好。

时间在慢慢地流逝，“傻子”依然像是以前一样地忙碌着，做着别人不愿意干的活儿，像老技术工人请教一些技术上的难题，一些同事似乎都忘记了有这么一个奇怪的同事存在。然而，令人没有想到的是，突然有一天，老板竟然提升这位“傻子”为技术主管。

同事们大多都愣了，其中有好几个心中不服，并找到老板询问原因。

“你们别不服气，我问问你们，他在干活的时候，你们在干些什么呢?”老板的话说得很直接，“像他这样不管什么事都尽力去做，还有，在这段时间内他的业务水平得到了很大的提高，我没有理由不提拔他。如果你们都能像他一样，我照样会提拔你们。”

在听到老板这么说后，那几位同事你看看我我看看你，谁也没说什么，也不知道说什么，因为他们在工作中确确实实没能像年轻人那样做到尽职尽责。

就像一名企业管理者所说：“如果你能真正地订好一枚纽扣，这应该比你缝制一件粗制的衣服更有价值。”负责地对待自己的工作，无论自己的工作是什么我们都要尽职尽责地做好。

可以这么说，尽职尽责地做好自己的工作，让别人无可挑剔，是我们在职场如鱼得水游刃有余的唯一选择。如果你的能力一般，尽职尽责可以让你走得更远,走得更好;如果你能力突出,尽职尽责可以让你走向成功的顶峰,尽职尽责的员工是领导眼里的好员工。

好员工告诉你的经验

尽职尽责地做好自己的工作,也许会使你付出比别人更多的时间更多的汗水,但你也会收获比别人更丰硕更甜美的果实。

6 把勇于负责当作自我的习惯

【无论在什么时候、什么场合,我们都不能放弃自己的责任,只有这样,我们才能把事情做得更好。】

工作就意味着责任。在这个世界上,没有不需承担责任的工作。对那些有着强烈责任感、时时刻刻想到自己的责任,并时时刻刻承担责任的人来说,责任已成为他们生活习惯的一部分,无论在什么时候、什么场合,他们都不会忘掉自己的责任。因此,他们无论做任何的事都能做到最好,取得令人羡慕的成绩。

美国著名心理学博士艾尔森曾对世界100名各个领域中杰出人士做了一次问卷调查,结果让他十分惊讶——其中61名杰出人士承认,他们所从事的职业,并不是他们内心最喜欢做的,至少不是他们心目中最理想的。

这些杰出人士竟然在自己并非喜欢的领域里取得了那样辉煌的业绩,除了聪颖和勤奋之外,究竟靠的是什么呢?

带着这样的疑问,艾尔森博士又走访了多位商界英才。其中纽约证券公司的金领丽人苏珊的经历,为他寻找满意的答案提供了有益的启示。

苏珊出身于中国台北的一个音乐世家，她从小就受到了很好的音乐启蒙教育，非常喜欢音乐，期望自己的一生能够驰骋在音乐的广阔天地，但她阴差阳错地考进了大学的工商管理系。一向认真的她，尽管不喜欢这一专业，可还是学得格外刻苦，每学期各科成绩均是优异。毕业时被保送到美国麻省理工学院，攻读当时许多学生可望而不可即的MBA，后来，她又以优异的成绩拿到了经济管理专业的博士学位。

如今她已是美国证券业界风云人物，在被调查时依然心存遗憾地说：老实说，至今为止，我仍不喜欢自己所从事的工作。如果能够让我重新选择，我会毫不犹豫地选择音乐。但我知道那只能是一个美好的"假如"了，我只能把手头的工作做好。

艾尔森博士直截了当地问她既然你不喜欢你的专业，为何你学得那么棒？既然不喜欢眼下的工作，为何你又做得那么优秀？

苏珊的眼里闪着自信，十分明确地回答：因为我在那个位置上，那里有我应尽的职责，我必须认真对待。不管喜欢不喜欢，那都是我自己必须面对的，都没有理由草草应付，都必须尽心尽力，尽职尽责，那不仅是对工作负责，也是对自己负责。我做出的这些成绩只能说是责任感创造出的奇迹。

艾尔森在以后的继续走访中，许多的成功人士之所以能出类拔萃，与苏珊大致相同——因为种种原因，他们常常被安排到自己并不十分喜欢的领域，从事了并不十分理想的工作，一时又无法更改。这时，他们知道任何的抱怨、消极、懈怠，都是不足取的。更知道唯有把那份工作当做一种不可推卸的责任担在肩头，全身心地投入其中，才是正确与明智的选择。正是在这种"在其位，谋其政，尽其责，成其事"的高度责任感的驱使下，他们才赢得了令人瞩目的成功。

对许多杰出人士的调查说明，只要有高度的责任感，即使是在自己并非最喜欢和最理想的工作岗位上，也可以创造出非凡的奇迹。

因此，作为一名员工，要把勇于负责作为自己的生活习惯，就算做着

自己不喜欢的事,做着并不是自己最想做的工作,也要勇于负责。当责任感成为一种生活习惯时,我们就会自然而然地担负起责任,而不是刻意地去做。当责任感成为一种生活习惯时,我们就不会觉得麻烦,更不会觉得劳累。当责任感成为一种生活习惯时,我们就会战胜胆怯,变得勇敢,充满力量。

一列火车刚刚发动,一节车厢里便传出一阵痛苦的呻吟。

大家循声望去,是一位年轻的妇女,痛苦使她的身体扭作一团,蜷在座位上。列车员走过去,询问后才知道,这是位孕妇,出现了临产的迹象。坐在她身边的丈夫很紧张,他告诉列车员,妻子以前难产过一次,孩子没保住。

车厢最后一排座位很快被腾空,孕妇被平放在座位上,列车员拉起一张布帘子。

列车员迅速广播通知,紧急寻找一位妇产科医生。

这时,一位二十出头的姑娘害羞地站了起来,小声地对列车长说她是一名护士。

“在这里,你就是专家,”列车长的眼中满含着信任,“相信自己。”

姑娘用更低的声音说:“我毕业不到一个月,就因为粗心被医院辞退了,已经很久没有从事医护工作了,而且,从来没有接生过,更何况她还有难产经历呢!”

“姑娘,那只是过去,你行的。”列车长说。

姑娘脸上在一瞬间掠过神圣无比的表情,只见她昂首挺胸,信心百倍地走向了车厢后面。

差不多半个小时后,一个孩子清脆的哭声从车厢后面传来,一直悬着心的乘客们热烈地鼓起掌来,接生的姑娘脸上有汗水也有泪水。

“你从来没有接生过,你是怎么做到的啊?”有乘客问那位姑娘。“事实上,我对接生的认识,仅仅局限于教材上那一点点,是责任给了我力量。”姑娘说,“列车长说我是专家,让我明白了,在这里,只有我能够完成接生这个任务,而且作为这里唯一一个学医的人,我应该担负起这份责任。”

责任感是靠近伟大的第一要素。正因为责任的引领，让我们更接近于正义、良知、伟大和崇高，正因为把责任作为一种生活习惯，我们才能在任何时候都不会忘记自己的责任，哪怕是生死攸关，命悬一线之时。

大连市有这样一名公交车司机。平时工作中，他尽职尽责，把服务好乘客作为自己的首要责任。风里来雨里去，几十年如一日，他恪守着自己的责任，直到生命的最后一刻。

一天，他像往常一样驾驶着公交车穿梭在市中心，途中突然感觉呼吸困难，心口绞痛，此刻，他意识到自己突发心脏病了。在生命的最后一分钟里，他做了三件事：

——把车缓缓地停在马路边，并用生命的最后力气拉下了手动刹车闸；

——把车门打开，让乘客安全地下了车；

——将发动机熄火，确保了车和乘客、行人的安全。

他做完了这三件事，安详地趴在方向盘上停止了呼吸。这名司机叫黄志全，所有的大连人都记住了他的名字。

即便是一位最普通的公交司机，在生命的最后一刻，心中想到的依然是对全车人生命的责任，这种责任，让一个最为普通的人变得无比的伟大，让一个平凡的司机变得优秀。这种伟大源于责任，源于他把责任当成了自己的生活习惯，因此才会在生命的最后一刻自然地做好三件事。

公交车司机的故事，值得我们每一位员工深思，我们是不是应该对工作负起责任，对老板负起责任，对公司负起责任呢？

好员工告诉你的经验

把勇于负责当作习惯的人，任何时候，无论发生任何事情，都会把责任放在第一位，尽职尽责地把工作做好。

第五章　坚决服从:从来不会为自己寻找借口

军人视服从为天职,好员工和军人一样,不管在什么时候、什么地方,都不会找借口,讲条件,而是坚决服从老板的指示。但是好员工的这种服从,并不是机械地服从,更不是盲从,而是甘于服从,乐于服从。

1

服从是好员工的美德

【作为员工不应该将过多的精力用到讲条件、找借口上，而是应该兢兢业业地做好自己的本职工作，不折不扣地完成上司交给的任务。】

“所有学员请注意：5 分钟内集合，进行午间操练。请在野战夹克里面套上作战服。”上午 11 点 55 分，天气寒冷。在哈得逊河的一个河湾的上空，北风呼啸。北风穿过西点平原，冲击着美国陆军军官学校六层楼高的花岗石堡垒。

“离午间操练的集合时间还有 4 分钟。”营房里的新生站立着，严阵以待，计算着离规定的餐前集合还有几分钟。在营房的过道，每隔 50 英尺就有一座钟，看时间很方便。

学员们迅速涌向营房之间铺着柏油的大操场。一年四季，他们每天都要至少两次集合操练。“站好队！”一声令下，一群松散的人顿时排成整齐的队形——每个方阵是一个排，四个排组成一个连，四个连编成一个营，而两个营编为一个团。“立正！”所有人立即目视前方。

这就是西点的列队。列队是西点的必修课，可以称之为点名的简单操练：从排长开始一级级向上汇报到队学员的数目。当然，列队的意义远不止于此。自从该校建立以来学员们以此种方式聚在这里，天天如此。更重要的是，列队暗示了服从是第一位的：这里，个人要服从整体，服从部队。

服从，在西点人的观念中是一种美德。在西点军校，即使是立场最自

由的旁观者，都相信一个观念，那就是“不管叫你做什么都照做不误”，这样的观念就是服从的观念。

商场如战场，员工如士兵。每一位员工都必须服从上级的安排，就如同每一个军人都必须服从上司的指挥一样。每个公司都希望自己的员工能够拥有纪律性，能够服从上级的安排，在不允许妥协的地方绝不妥协，在不需要借口时绝不找任何借口，因为公司也是一个大型的组织，它需要能够完成任务的人，而不是反抗它的抵抗者。可遗憾的是，现在许多在职场中的人，都没能认识到这一点。

服从是好员工的美德。在得到命令的时候，他们要像军人一样，没有任何疑问的回答“是”，而不是选择反抗，选择说“不”。也许有人会说：“如果只是服从的话，不就显得很‘奴性’、很没有个性吗?”如果你这么想的话，那就是大错特错，服从不会让你有任何的损失，而且重要的是，它能够为你的成功之路添砖加瓦。

有一位叫卡特的年轻人，上司让他去一个新的地方开辟市场，那是一个十分偏僻的地方，公司生产的产品在很多人看来要取得销路是十分困难的。因此，在把这个任务分派给卡特之前，上司曾经三次把这个任务交给过公司里的其他人，但是都被他们以各种理由推掉了。他们一致认为那个地方没有市场，接受这个任务最终结果将是一场徒劳。上司不得已才委派公认的最忠诚可靠、爱岗敬业的卡特上阵。

卡特在得到上司的指示后什么也没有多说，只带着一些公司产品的样品出发了。三个月后，卡特回到了公司，他带回了令人振奋的消息，那里有着巨大的市场。其实，卡特在出发之前，他也认定公司的产品在那里没有销路。但是，由于他坚决的服从意识，他毅然前往，并用尽全力去开拓市场，结果最终取得了成功。

卡特的这种精神就是一个好员工应当具备的服从精神。如果你为一个公司工作，你应该听从老板的指示，服从于这个公司。无论什么时候，你都应该主动、积极地去完成上司交给你的任务。

在服从中，如果你有什么意见或者建议，应该在上司发出指令前提出，如果你的意见没有得到上司的采纳，你也必须立刻去执行上司的指令，哪怕你认为是错误的，也要先服从执行后再与上司商量、沟通，而不是自作主张，找理由不服从。

有一个生产饲料的公司，专门为各大城市宠物店供应宠物饲料，有一次，一个客户预订了100箱猫饲料罐头，但要求用狗饲料罐头盒进行包装。老板按顾客的要求安排下去，并一再叮嘱，不能弄错，但产品发出不久就被退回，并要求公司承担相应的赔偿。老板很纳闷，打开包装箱才看到，发出的货品还是用猫饲料罐头盒包装的。老板非常生气，忙把当时的值班班长叫来，问个究竟。原来，值班班长认为肯定是老板弄错了，猫饲料怎能装在狗饲料盒里，又不好意思跟老板争辩，就自作主张，还是习惯性地用了猫饲料的盒子。他哪里知道，顾客之所以这样要求，是因为这个顾客养了很多猫和狗，但猫不知怎么都养成了一个习惯，不是装在狗罐头盒子里的饲料，就不吃，而且也不吃狗的饲料，顾客只好每次用狗吃完的盒子喂猫，感觉非常麻烦，于是就向这家公司高价定做了一批特殊的"狗"饲料。

对于员工来说，工作的第一步，就是学会服从。只有服从，才知道工作从哪里开始，怎样去工作，如何出色地完成工作。所以，员工要树立以服从为天职的观念。

服从是好员工的美德。学会接受命令，执行命令，必须怀着虔诚和敬仰的心，认真去接受，出色去完成，因为这折射着你的工作态度和工作精神。接受领导的命令，也意味着与领导的合作已经开始，你的服从就意味着对领导的尊敬和认可。

服从是好员工的美德。在一个公司中，员工的使命是帮助他的上司完成公司的现实目标，员工是一个执行者而不是决策者，所以作为员工不应该将过多的精力投入到讲条件、找借口上，而是应该兢兢业业地做好自己的本职工作，不折不扣地完成上司交给的任务。

服从对好员工来说是一种美德，是一种能够给你带来更多机会，帮你发掘更多潜能，助你接近成功的力量，所以在上司分配任务的时候，欣然地选择服从吧，而不要去选择做愚蠢的反抗。

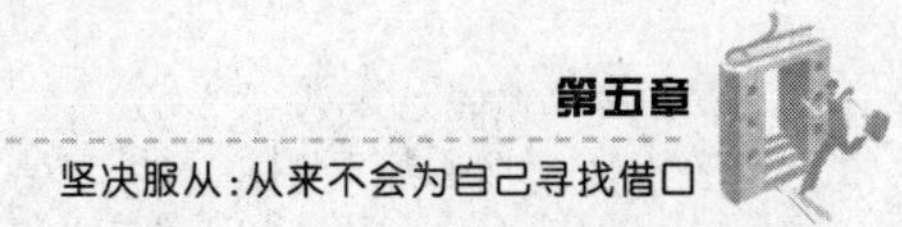

好员工告诉你的经验

在军人的思想观念中，服从是一种绝对的命令，不能对服从产生任何质疑。一个企业也是如此，必须具有良好的服从观念，企业里的员工也必须有服从意识。服从是员工的一种美德。

2 学会服从，拒绝借口

【好员工永远服从命令，拒绝借口，总是把每一项工作做到超出领导的预期，最大限度地满足领导提出的要求。】

在工作中，失败了也罢，做错了也罢，我们都要拒绝借口，因为再好的借口对于工作本身没有丝毫的效果。许多人在职场中难以得到较好的发展，就是因为他们总是在寻找各种各样的借口。

麦克是公司里的一位老员工了，以前专门负责跑业务，深得上司的器重。只是有一次，在他手里把公司的一笔业务让别人捷足先登抢走了，造成了一定的损失。事后，他很合情合理地解释了失去这笔业务的原因。那是因为他的腿伤发作，比竞争对手迟到半个钟头。以后，每当公司要他出去联系有点棘手的业务时，他总是以他的脚不行，不能胜任这项工作作为借口而推诿。

麦克的一只脚有点轻微的跛，那是一次出差途中出车祸而留下了一点后遗症，根本不影响他的形象，也不影响他的工作。如果不仔细看，是看不出来的。

第一次，上司比较理解他，原谅了他。麦克好不得意，他知道这是一宗费力不讨好比较难办的业务,他庆幸自己的明智,如果没办好,那多丢面子啊。

但如果有比较好揽的业务时,他又跑到上司面前,说脚不行,要求在业务方面有所照顾。

他大部分的时间和精力都花在如何寻找更合理的借口身上。碰到难办的业务难做能推就推,好办的差事能争就争。时间一长,他的业务成绩直线下滑,没有完成任务他就怪他的腿不争气。总之,他现在已习惯因脚的问题在公司里可以迟到,可以早退,甚至工作餐时,他还可以喝酒,因为喝点可以让他的腿舒服些。

好员工永远服从命令,拒绝借口,总是把每一项工作尽力做到超出领导的预期,最大限度地满足领导提出的要求。在他们身上,体现出一种服从,诚实的态度,一种负责、敬业的精神,一种完善的执行能力。

一家针织刺绣厂效益相当好,想要进这家工厂的人很多,厂方给前来应聘者设置了不低的"门槛",特别是招聘时,经常出一些怪题"难为"大家。即使这样,人们还是想来这里碰碰运气。

有一年,厂方给应聘者出的题目是"36 小时内折叠 1800 只爱心千纸鹤"。大部分应聘者都知道和见过千纸鹤,有的还亲自动手折过。她们想,这是细活,厂方可能在考验应聘者的耐心和动手能力,因为纺织行业需要这种精神和能力。回去后,女孩子们发现,这几乎是不可能完成的任务。因为,即使不吃饭不睡觉,也很难在如此短的时间内折叠完 1800 只千纸鹤。或许,厂方是在比较谁的手更灵巧麻利、谁折叠得多、谁的质量更好。这样一想,很多应聘者的心态放松下来。

36 小时后,应聘者带着各自的作品接受检验。结果是:少部分人放弃了,极少部分人完成了任务,绝大多数人只完成了 500 到 1000 只。厂方对应聘者进行了面试和询问。有人说:家里出了意外,很难在短时间内安心完成任务。也有人说:这是根本无法完成的工作,任何人都无法做到,除非她又长出第三只手,我已经尽力了。还有人说:我认认真真地叠好每一只纸鹤,做到精益求精就够了,别的也没有多想。而完成任务的应聘者

3

好员工的服从不是盲目听从

【接到命令后，你需要做的是理智分析，把服从和创造相结合，只是消极地服从的员工不会被委以重任的，只知道机械执行、生搬硬套的员工更不可能成为好员工。】

服从不等于盲从。服从体现的是员工忠诚的精神，要求你有理智性对所接受的命令做出判断并加以分析。而盲从是盲目的听从于命令，不管对与错，不加分析地执行，这是一种消极被动没有智慧的服从。

好员工服从但不盲从。因为工作中，老板也会有下错命令的时候，也有向你下达不该执行的指示的时候，最常见的就是，老板不想见某个人，或者不想听某人的电话，就叮嘱你说："某某找我的时候，就说我不在。"出现这种情况，作为员工一般都会按照老板的指示去做，说老板不在办公室；若对方继续追问，就可以说老板出差了，或者开会去了。

偶尔撒撒小谎，对他人并没有造成多大的伤害，也是无可厚非的。但是，如果老板让你撒个弥天大谎，比如做假账，这时你就不应该听从老板的指示，而应该拒绝。因为服从不等于盲目听从。

2003年"非典"期间，有一家公司的老板想借机报复竞争对手，他找来了对自己忠心耿耿的下属，让下属给防治"非典"中心打电话，谎称那家公司里发现了多名疑似"非典"的患者。

下属接到这样的命令后，没有犹豫，心想老板怎么吩咐就怎么做吧，否则肯定会让老板不高兴的。于是他盲目的遵照命令执行任务，结果搞得那家公司紧张、混乱了一阵子，还停止经营了半个多月。最终发现公司并没有疑似"非典"的患者，才知道原来是有人在背后打了个恶意电话。警方介入了调查，查到了那个下属头上。

在警方讯问人员的强大攻势下，那名下属交代自己只是按照老板的命令去做的，并非出自本意。老板却说自己并不知道这件事，他也没有指使下属打电话，更不知道下属要干这样一件愚蠢的事，甚至说如果事先知道这件事，他一定会严厉制止下属的行为。下属拿不出证据，只好自己承担一切责任，并被黑心的老板开除。

下属的盲从为老板留下了推卸责任的借口，也毁掉了自己在职场苦心经营建立起来的一切。服从固然没有错，他最不该的是盲从老板，去执行一件不应该接受的任务。

现实工作中，还有一些员工机械地理解服从的概念，然后机械地服从老板的命令，在工作中就像一只拉磨的驴子，推一下，动一下，不推则不动。其实工作并不是这么简单的，老板的命令固然要执行，但在执行的过程中，更应该用自己的眼睛去发现问题，用大脑去思考问题，怎样做才能更好地完成老板交给的任务呢。电脑之所以永远不能代替人脑，就是因为我们人脑都是会主动思考的，而电脑总是一味地按照机主的命令去执行。

好员工服从但不盲从。他听从老板命令，但不消极、死板地去执行，而是善于变通，多方面考虑问题，争取出色完成任务。

张杰曾是一家建筑材料公司的业务员。当时公司最大的问题是如何讨账。公司产品不错，销路也不错，但产品销出去后，总是无法及时收到款。

有一位客户，买了公司10万元产品，但总是以各种理由迟迟不肯付款，公司派了三批人去讨账，都没能拿到货款。当时他刚到公司上班不久，就和另外一位姓张的员工一起被派去讨账。他们软磨硬泡，想尽了办法，最后，客户终于同意给钱，叫他们过两天来拿。两天后他们赶去，对方给了一张10万元的现金支票。

他们高高兴兴地拿着支票到银行取钱，结果却被告知，账上只有99000元，很明显，对方又耍了个花招，他们给的是一张无法兑现的支票。第二天就要放春节假了，如果不及时拿到钱，不知又要拖延多久。

遇到这种情况,一般人可能一筹莫展了,但是张杰突然灵机一动,拿出1000元,让同去的小张存到客户公司的账户里去。这一来,账户里就有了10万元。他立即将支票兑了现。

当他带着这10万元回到公司时,董事长对他大加赞赏。之后,他在公司不断发展,5年之后当上了公司的副总经理,后来又当上了总经理。

好员工服从但不盲从。他接到指示后,不是机械地去执行,而是将服从和创造相结合,寻找最佳方式,漂亮地完成任务。

有家大型广告公司招聘资深广告设计师,他们要求每个应聘者在一张白纸上设计出一个最好的方案,没有主题和内容的限制,然后把自己的方案扔到窗外。如果谁的方案最先设计完成,并且最先被路人捡起来看,谁就会被录用。

设计师们开始了忙碌的工作,他们绞尽脑汁地描绘着精美的图案,甚至有人费尽心思地画出诱人的美女。

就在其他人都手忙脚乱的时候,有一个设计师非常迅速、从容地把自己的方案扔到了窗外,并引起路人的哄抢。

他的方案是什么呢?原来,他只是在那张白纸上贴上了一张面值100元的钞票,其他的什么也没画。就在其他人还疲于奔命的时候,应聘的结果已尘埃落定。

此外,好员工在接到上级的命令后,除了将命令铭记于心外,还会做更多额外的事情。

比尔·盖茨读中学时,有一次,老师布置同学们写一篇作文,要求是至少写500字,结果比尔·盖茨竟然写了800多字。还有一次,老师布置同学们写一篇不少于1000多字的故事,比尔·盖茨竟洋洋洒洒写了1500多字,他的举动让老师和同学们目瞪口呆。

好员工应该像比尔·盖茨那样,不仅仅服从命令,还要做得更多一些。服从命令包含着很多额外的意义,服从要包含员工主动的行动,不是害怕承担责任的唯唯诺诺,而是勇于承担履行自己的承诺,这样的服从才会让老板对你刮目相看。

服从固然重要,但服从不等于盲目听从。接到命令后,你需要做的是理智分析，善于变通，把服从和创造相结合。只是消极地服从的员工不会被委以重任的，只知道机械执行、生搬硬套的员工是不可能成为好员工的。

好员工告诉你的经验

盲从意味着可能去做不该做的事情，对自己来说，不但会被抓住把柄，还会给自己的职场记录留下污点，影响事业的发展；对公司来说，盲从的员工意味着可能会使企业受到最大限度的伤害。

4 自觉遵守公司规章制度，认同才能有发展

【企业的规则具有强制性，是每一个员工都必须遵守的。不管你愿意不愿意，遵守规则都是必不可少的要求。】

古语说“无以规矩，不成方圆”。国有国法，家有家规，一个企业也不例外会有自己的一套规章制度。没有制度，便没有一切，制度就是我们所说的纪律，有的人认为纪律会约束人们的自由，其实不然，纪律的制定是为了保护大家的自由。

1924年6月16日，在广州的黄埔长州岛诞生了一所对中国现代史和军事史都产生了深远影响的军校，它是由孙中山在中国共产党和苏联的帮助下创办的一所新型陆军军官学校，这就是赫赫有名的黄埔军校。

黄埔军校成立的目的是组建一支具有超强执行能力的队伍，以改变当时处在水深火热之中的中国现状。要想实现这一目的，就必须加强军校学生的制度以及纪律建设，因此，在军校

的教育过程中,军校特别注重军纪和军法教育。

在军校政治教育大纲中就特别强调革命纪律的培养与训练:“使学生彻底了解纪律,为造成统一集中之力量所必要,革命党员必须为革命利益而牺牲。个人自由对军队组织上来说,就是把自由贡献给党,若是主张个人的自由,不肯遵从党纪与军纪,便是叛逆行为。”军校政治部在《告第 3 期学生书》中反复强调,军校学生的行动必须纪律化,“绝对反对无政府的倾向,倘若反对铁的纪律,即是消极地帮助敌人,破坏革命的组织。”“我们在军队中服务,在党的利益上要绝对地受指挥和调遣。不要因个人地位关系,而不服从命令,而违反纪律是反革命的行动。”

军校特别制定了《修学规则》,规定:(1)本校所教授之学科,皆初级军官必要之学、术诸学科。均须修习,绝不可以自己之好恶有所轻重。(2)凡学科均须会通义理,求其要领,以期应用。若徒事强记,不假思索,即失研求实学之主旨。(3)学生上课时务须凝神一虑,虚心受教,不可分心视而不见,听而不闻,虚度光阴。(4)学生须笔记教官讲演,及黑板所写之学术,以为研究深造之参考。(5)笔记作业,字体须详细明了。教官之讲评,尤须详细记载,随时编订以为教官考绩之资。(6)本校分给各学生草本,在学生受业时,随意笔记。草本表面应照定式样记载队号、学生姓名等,以便教官之检查。

关于讲堂和自习室的规则,军校的规定多达近 20 条:“各讲堂自习室,设值日生一名,由各区队值日生兼任,凡讲堂自习室内,规则之指导皆其责任。讲堂自习室,为教授及自习之处,务须保持肃静。教官到讲堂或值日区队长到讲堂点名时,值日生发立正口令,并将到课或到点名人数及缺席人数并其事由报告之,退席时亦由值日生喊立正行礼。上课时,由值日生负责检查人数、服装率领入堂。下堂时,须候教官出堂后,挨次下堂,不得争先恐后,扰乱秩序。讲堂自习室座位,须按派定名次入座,且坐时须挺身端正,面对教官,不得稍有倦容。教官未到讲堂时,各生应在本位静坐温习,不得擅自离位。讲课时,不得批阅别项功课,及咳嗽、吐痰等。学生听讲,遇疑难之处,应待教官讲毕,然后立正质问,遇教官有问,亦应起立敬礼,将所见以对。学生不得擅自离位,如有不得已事故,或临时发生疾病,须先报明教官准许,然后离席。自习时则告知值日生。讲堂自习室陈设物品及书桌、板凳、电灯等物,有一定位置,不得损坏及移动位置。学生闻自习号音,均应依时上自习室自习,不得迟误。讲堂授课时,若无教官之命令,虽有长官到讲堂视察,不必行礼。自习时如有长官到自习室、则由值日生发立正口令,如值日生未见,则由先见者喊立正,其在室各生即就席立正。学生离讲堂自习室时,桌上一切文具、书籍须安设原处,板凳则置于桌下,不可乱杂。在自习室时间,除特许之外,禁止发生朗诵及互相谈话,但同学中质问功课不在禁内,然亦必须低声,以免扰及旁人。在自习时间,无长官之允许,不准翻阅校中课程及图书以外之书。讲堂及自习室内,禁止吸烟及吃食物。"

这些严格的纪律让每个人都会瞠目结舌,再让我们看看黄埔军校的成果吧!在中国人民解放军十位元帅中有五位出自黄埔军校,他们是徐向前、叶剑英、聂荣臻、林彪和陈毅;解放军首批授衔的十位大将中有三位出自黄埔军校,他们是陈赓、许光达和罗瑞卿;而国民党军队的将领中,黄埔军校毕业的著名将领有杜聿明、胡宗南、邓寅达、宋希濂和陈诚等,黄埔军校因此赢得了"中国将帅摇篮"的美誉。

纪律的重要性不言而喻了,正是黄埔军校的这些"不能容忍"的纪律造就了一批优秀的军事人才。可见,对于一个企业来说,规章制度是必不可少的。由于员工的多样性特点,没有制度,很多人可能就失去了约束而变得懒惰、散漫、粗心等,所以一个企业要正常发展,相关的规章制度必不可少。

企业的规则具有强制性,是每一个员工都必须遵守的,不管你愿意不愿意,遵守规则都是必不可少的要求。但不可否认的是,现在企业中员工忽视、蔑视甚至违背规则的现象并不少见。

小樱大学毕业后,到了一家外贸公司做人事经理,公司有明文规定:爱护公共财产,公私分明,不要用公共用品来办私事;上班时间遵守纪律,禁止"煲电话粥"……这些规章制度,被贴在每个办公室里。

小樱日常工作不是很忙，再加上她是个能干的人，闲暇的时间比较多。工作一段时间以后，活泼开朗的她渐渐觉得无聊，不知如何打发闲暇时间。有一次，接到了大学同学的来电，相谈甚欢，这一次的电话交谈让小樱茅塞顿开，自己有单独的办公室，守着电话，怎么以前就没想到这个解除无聊的办法呢？

有了这样的想法，公司的规章制度被小樱抛在了脑后，有时候想起来了，她认为不就是打个电话嘛，没什么大不了的。

自此以后，只要完成工作，没什么事可做，她就拿起办公桌上的电话找同学聊天，天南海北、吃穿住行什么都聊，一聊就是一个多小时。总之，"煲电话粥"成了她的一大乐事，每天不打两个朋友的电话，就好像有什么大事没做，没着没落的。时间久了，同事们渐渐开始在私底下议论，并对她的人品表示怀疑，对她敬而远之。

小樱的行为终于在老板两次打电话打不进去的情况下"东窗事发"，老板痛批了她无视公司制度、以公谋私的行为，并炒了她鱿鱼。

任何公司都不可能喜欢小樱这样不遵守公司制度，以公谋私的人，我们应该引以为戒，不要因小利而断送自己的职业生涯。

也许有些员工总认为违犯一两次的制度无所谓，没有什么大惊小怪的。比如用公家电话、电脑办私事，拿公家的复印纸、文具私用等。区区小事，何必计较？要知道，公私不分，贪图小利，久而久之，必会影响你的职业形象，引起同事和领导的反感，发展的机会也许就因此而与你擦肩而过了。

不遵守规则的企业是难以生存的，不遵守企业制度的员工没有立足之地。所以，员工必须牢固树立制度胜于一切的意识，自觉维护和遵守公司的各项规章制度。

对于员工来说，当你把遵守规则变为自己的工作行为指导准则，养成无条件服从的习惯，你就会自觉地对工作生成高度的责任感，你就会在激烈的竞争中保持强势的竞争力，优秀就会触手可及，成功就会离你越来越近。

好员工告诉你的经验

没有规矩不成方圆。公司的制度和岗位纪律是每个员工都要遵守的，无视纪律的员工不可能成为公司的好员工。

5 服从就应该少讲条件

【老板交给你任务是对你能力的信任，想办法出色地完成任务远比提出各种自私的条件更能让你变得杰出。】

美西战争爆发时，美国总统要立即与古巴起义军首领加西亚取得书信联系。然而加西亚的藏身之地却很神秘，据说是在古巴广袤的山野丛林里，总之没有人知道他到底在哪个地方，这难坏了美国总统麦金莱。

有人对麦金莱说："如果有人能够找到加西亚的话，那么这个人无疑就是罗文。"

于是总统派人找来这个名为罗文的人，并将写给加西亚的信交给他。那个叫做罗文的人接过信马上开始了自己的使命，他历经艰险到达古巴，穿越那个危险的岛国，终于把信送到了加西亚的手中。

这件事看似再平常不过了，一个人接到总统的命令便去完成使命，然后重点是：总统把写给加西亚的信交给罗文，而罗文接过信之后，并没有问："他在什么地方？"

罗文的做法可以称得上是彻底的服从，任何公司的老板都会喜欢像罗文这样的执行者，但在实际生活中，很多人在接到命令后虽然没有拒绝执行，但他们往往会提很多问题，比如老板让职员去查一套百科全书，把吉里奥这个人的生平做成一篇摘要，那么大部分员工一定会提出一个或

者更多的问题:他是谁呀?哪套百科全书?百科全书放在哪?急不急等等。不难看出他们提出的问题都是能让自己工作起来可以偷懒的问题,但同时也体现了他们不愿自己主动去寻求解决问题办法的本性,老板发出命令,却还要回答一堆提问,而有了这些答案,老板几乎可以自己去执行这个工作了。

我们在接受老板的任务时,是不是应该附加着很多问题和条件呢?答案是否定的,老板将一项任务交给你,就是对你的最大信任,如果此时你不断地提出一些难题来让老板回答,那么你的能力会受到质疑。那些能自己解决的问题应该自己去想办法,因为你才是负责执行任务的员工,而老板是一个决策者,你应该尽可能服从老板的指示。

巴顿将军在他的战争回忆录《我所知道的战争》中曾写到这样一个故事。

“我要提拔人时常常把所有的候选人排在一起,给他们提一个我想要他们解决的问题。我说:‘伙计们,我要在仓库后面挖一条战壕:8 英尺长,3 英尺宽,6 英寸深。’我只告诉他们那么多。我有一个有窗户或有大节孔的仓库。候选人正在检查工具时,我走进仓库,通过窗户或节孔观察他们。我看到伙计们把锹和镐都放在仓库后面的地上,他们休息几分钟后开始议论我为什么要他们挖这么浅的战壕,他们有的说 6 英寸深还不够当火炮掩体;说这样的战壕太热或太冷;如果是军官他们则抱怨他们不该干挖战壕这么普通的体力劳动。最后,有个伙计对别人下命令:‘让我们把战壕挖好后离开这里吧。那个老畜生想用战壕干什么都没关系。’”

最后,那个下达命令的伙计得到了提拔。

什么是服从?服从应该是不讲任何条件地答应上级的安排和命令,不问为什么安排我这么做。很多人一直不理解外国的企业里怎么会流行“先开枪,后瞄准”这样的口号,在普通人的思维中,一直都是要“先瞄准,后开枪”的。先开枪再瞄准就是强调:一个差的结果,也比没有结果强。先做再说,任何公司需要的不是多么完美的说辞,而是执行结果。

接受指示时少讲条件,不仅仅限于我们前面提到的工作方法这一方面。还有的员工在接受指示时,会提出有利于自己利益的条件,例如不加薪就很难做这件事，没有加班费就没有时间加班，没有奖金这个项目就不能按要求完成……这些条件都明里暗里威胁上司，如果不满足他的某项要求就不可能完成工作。这些做法无疑是不明智的，他们只是看到了眼前的利益，却因此而丢掉大好前程。

魏晓宁是一家公司的高级职员，并且深得老板的重视。他一直自认为自己的工作能力强，经验也比别人丰富。但他的薪水却比普通职员高不了多少。为此，魏晓宁很苦恼，他几次想张口让老板加薪，但又不好意思。

一次，老板把一个重要的策划案交给魏晓宁负责，并嘱咐他说："这个策划案很重要，事关公司以后的发展，并且也很紧急，你加加班，争取月底交给我。"听了老板的话，魏晓宁想：自己一直没有机会要求老板加薪，这不就是一次很好的机会吗？于是，他对老板说："按时完成任务当然没有问题，但是就我目前的薪水，让我没有动力去全力做好它，老板是不是应该……"老板立刻明白了魏晓宁的意思，只有接受加薪的条件，他才会按要求完成任务。老板想了想说："我考虑考虑，你先去忙吧。"

接下来，老板就把这个任务交给了另一个人负责，这个人虽然没有魏晓宁优秀能干，但他在接受任务时，没有提任何条件，只是对老板说："放心吧，保证完成任务！"经过几天的加班加点的工作，一份策划案完成了，老板看了很满意。

魏晓宁自从知道老板不会给自己加薪，而是把策划案交给别人负责后，工作也没以前努力了，在公司得过且过。

这时，另一家公司得知魏晓宁的才能，花高薪将其聘请去。令魏晓宁做梦也想不到的是，这家公司所从事的活动是违法的。但是魏晓宁一直蒙在鼓里，所以没过多久被有关部门查封，魏晓宁也由此落入了秀才遇到兵——有理说不清的地步。他这时才后悔自己的所作所为。

可见，那些总是以自己的利益为条件才肯工作的员工根本没有长远的眼光，认为工作只是为了赚钱，要服从老板就要提出一些条件。要知道，老板交给你一项任务是对你能力的信任，想办法出色地完成任务远比提出各种自私的条件更能让你变得杰出，因为在执行工作的过程中，你不但锻炼了自己的能力,而且取得了老板的信任和同事的尊敬。

相反,如果在接受指示时总是要求老板答应自己的一些条件才肯去执行任务,那么就算出色地完成了任务,得到了老板承诺的利益,那么相信!在以后的工作中,他肯定会步履维艰,因为这样的员工哪个老板还会再重用呢?

好员工就像罗文一样,在接到上级命令时,坚决服从,不讲任何条件,争取出色地完成工作任务。这样的员工,深受老板的青睐,是具有大好前途的员工。

好员工告诉你的经验

每一位员工都必须服从他的上级,因为上级的指示是从公司整体利益出发的,服从公司的领导才会为公司的业务发展做出贡献。

第六章　乐观向上:好员工的字典里没有“不可能”

在工作中,每时每刻都可能遇到难题,此时很多员工都被“不可能”这三个字囚禁,不敢正视现实中的困难和挑战,导致自身的潜能得不到充分的发挥。好员工则不然,他们的字典里没有“不可能”这三个字,以至于他们无论面对什么样的问题,总是乐观向上,相信自己能做好。

1

永远没有完成不了的工作

【每一位员工都应该愉快地接受工作，想方设法完成。】

虽然职场风云变化莫测，虽然日常中经常会有各种意外发生，虽然职场之路，不可能一帆风顺，肯定会有困难，但对优秀的员工来说，这些都是获得成功的必经过程而已，就像中国的一句老话所说的那样："天底下，没有跨不过去的槛儿。"

但是仅仅只是跨过去的话，还不是最完美的，好员工不仅要跨过去，而且还要充分利用好这个"槛"。

美国的爱荷华州常常发生飓风，在该州的中央大学担任过校长的拉尔帕司先生，看到一整所大学遭到大风沙侵袭，整个校园几乎被完全毁坏的时候，他反而想到不仅仅是修复校园，而是打算利用这个机会对校园的环境进行整体改善。

1930年发生了一次大旱灾，干燥的风沙吹遍了整个平原。农场里的玉米和麦子都死光了，大学校园也受到很大的损害。这所大学的财政本来就依赖附近的农民，农民的收入原本就已经不胜负荷，现在再加上这次灾害，农民自身生活困难就可想而知，更甭提还要帮助修复校园了。

但是，拉尔帕司校长一直相信一句话，那就是："所有的危机中，都藏匿着解决问题的关键。"也就是说他感觉到这次的灾难，是一个告诉东部成功的实业家或富豪们有关自己学校的困境的最佳机会。因此，拉尔帕司博士在筹款修复校园的时候，就做了

如下的报告:“我们过去经常受到农民们的支持,除了他们之外,我们也一直没有向任何人要求帮忙。当农民们把自己的子女送到平静的爱荷华州的城市来接受教育时,他们也感到很高兴。他们虽然本身没有任何责任,可是他们却一直帮助着我们。你们能不能伸出手来帮助我们呢?”

这个要求很快得到了回应,东部的有钱人都纷纷慷慨地提供援助,并且在此之后他们的援助和关心连续了好几十年。因此爱荷华州的中央大学不仅修复了校园,还改善了校园的周边环境。

面对危机和问题,一部分人只会看到黑暗的部分从而陷入了恐惧之中,更有甚者可能再也不能恢复往日的风采,而另一部分人则看到的是希望,在冷静观察分析后,利用这个危机,为自己制造出了获得成功的机会。显然故事中的拉尔帕司校长就是后者,而你又是哪一种呢?作为优秀的员工,只有成为了利用危机的后者,才能在公司中站稳脚跟,成为不可代替的重要人物。

那么怎样才能将危机化为机会,为自己添光加彩呢?首先要从改变下面几种心态开始:

1. 见到问题就跑

有一次,某公司总裁的司机来接他,因为出了点麻烦而晚点了。司机一看到总裁就说:“对不起,这是我的错。”这种态度才是可取的。假如他一看到总裁就说,实在没办法,堵车了,半路抛锚,而且快到时一下又没找到路,那总裁一定会不高兴。但他没有那样做,而是立刻承认错误。这就是负责任的态度,不管做什么事都要有这样的心态。

“见到问题就跑”这是在职场中经常见到的一种面对问题的状态。他们常常会用:“这个不是我的责任。”来推脱责任,能够像故事中的司机那样勇于承担责任的员工并不多见。

但是优秀的员工需要知道,这种“见到问题就跑”的态度是客户最为恼火的态度,长此以往的话,必然会引起客户的不满,无论是对个人还是公司而言都是极大的损失。所以,作为优秀的员工,当问题出现的时候,决不能推卸责任,要有勇气承担起来,用尽浑身解数来解决问题,这才是聪明的抉择。

2.把问题复杂化

公司员工小王为了能让两台不同系统的电脑共享打印机，按照常规方法操作完毕了。但就是没法打印。问题究竟出在哪里？小王一时半会儿还真没有找出来。

于是小王找了了解这方面的朋友去他办公室帮他看看，可大家都不明白问题到底出现在哪里，也只好就此作罢。

本来事情可以就此告一段落。不过小王那执拗的倔脾气又发作了："我就不相信弄不出来。今天我非要把它整好。"靠着这股劲，小王开始在网上搜索相关的内容。不过搜索出来的内容，因为太过专业，小王一看就开始"头晕"了。于是小王又打电话向其他公司的两位电脑高手求助，给他们说了整个问题的情况，叫他们帮忙查查，想办法解决一下。

于是这一天的中午，小王就靠他们远程协助分析问题原因，找办法。可是，无论怎样，事情就是发展得并不是那么顺利。两位高手忙活了半天也找不出问题究竟出在哪儿。这下子，小王急了，浪费了一整天的工作时间，难道真查不出来到底是怎么回事吗？在小王再次几经周折后，他才发现了问题的所在：原来只是因为共享的打印机没纸了而已。

在日常工作中，类似于上面例子的事情并不少见，人们经常会下意识把简单的问题复杂化。

所以，在遇到怎么也解决不了的问题的时候，优秀的员工不妨试一试最简单的方法，试一试最经常使用的方式，也许会产生意外的效果。

没错，工作中难免会出现问题和危机，可是凭借不同的选择，却能够产生不同的结果，而根据结果的不同你得到的评价也就不同。因此，在遇到问题的时候要多思考、多实践，然后选择出最正确的解决方式，并把问题转化成自己成功的机会，这才是优秀员工的选择。

要知道，在职场中没有解决不了的问题，只有解决不了问题的人和选择不了正确解决方法的人而已。

好员工告诉你的经验

古人云:"天下事有难易乎?为之,则难者亦易矣;不为,则易者亦难矣。"说的是难事去做也会变得容易,易事不做也会变成难事。工作也是如此,只要去做,就没有完成不了的。

2 相信自己能够做好

【如果你连自己都不相信自己,又怎能指望别人相信并重用你呢?企业最需要的就是充满自信、有进取精神、敢于挑战困难的员工。】

自信是成为好员工的必备条件之一。仔细观察那些卓越人士,我们就会发现,他们在做事之前,总能充分相信自己,深信所从事的事业能够成功。因此,他们一开始做事,就心无杂念,付出全部的精力,最终排除一切困难,而获得了成功。

其实,每个人都能成为卓越人士,成为好员工,只是大多数人从未察觉自己的能力,不相信自己能够做好,没有挑战困难的勇气而已,这样,他们就失去了成功的机会。

苏格拉底在风烛残年之际,想要找一位继承人,他把助手叫到床前说:"我的蜡所剩不多了,得找另一根蜡接着点下去。"

"是",那位助手赶忙说,"你的思想光辉是得很好地传承下去……"

"可是,"苏格拉底慢悠悠地说,"我需要一位最优秀的传承者,他不但要有超人的智慧,还必须有充分的信心和非凡的勇气。你帮我找一找好吗?"

“好的，好的。”助手很恭敬地说，“我一定竭尽全力地去寻找，不辜负您的栽培和信任。”

苏格拉底笑了笑，他相信这位助手的忠诚和勤奋。

助手开始不辞辛劳地通过各种渠道四处寻找，他按照自己的构想，领来了一位又一位优秀的人才，可没有一位能被苏格拉底选中。

那次，当这位助手找的人选再次被苏格拉底否定后，助手显得很沮丧。此时，苏格拉底已经病入膏肓。他硬撑着坐起来，抚摸着那位助手的肩膀说：“真是辛苦你了，不过，你找来的那些人，其实还不如你……”

“我一定加倍努力。”助手言辞恳切地说，“找遍城乡各地，找遍五湖四海，我也要把最优秀的人选挖掘出来，举荐给您。”

苏格拉底不再说话，显得很失望。

半年之后，苏格拉底眼看时日无多，但最优秀的人选还是没有眉目。助手非常惭愧，泪流满面地坐在病床边，语气沉重地说：“我真对不起您.让您失望了！”

“失望的是我，对不起的却是你！”苏格拉底闭上眼睛，停顿了许久，才不无哀怨地说，“本来，最优秀的就是你自己，只是你为什么不相信自己，为什么把自己给忽略、耽误、丢失了呢？”

现实生活中，有多少人和那位助手一样，明明是一块金子，却不敢正视自己，相信自己，结果被永远地埋在了沙堆里，没有出头之日。

所以，工作中，无论做什么事，你一定要相信自己一定能做得更好。想想看，如果你都不相信自己的能力，怎能指望别人相信并重用你呢？现代企业最需要的就是充满自信、有进取精神、敢于挑战困难的员工。

许多年前的一天，一位 24 岁的年轻人充满自信地走进美国通用汽车公司，应聘会计工作。他来应聘的原因是他的父亲曾经说过“通用汽车公司是一家经营良好的公司”，并建议他去看一看。

在面试的时候，他的自信使助理会计检察官印象深刻。当时只有一个空缺，面试的人告诉他那个职位十分难做，一个新手很难应付得来。但他当时只有一个念头，就是进入通用汽车公司，展现他足以胜任的能力与出色的规划能力。

当面试官问他为什么要来通用公司时，他充满自信地回答：“我要当上通用汽车的董事长！”面试官没有因为他的狂言傲语而不满，反倒被他所展现出来的自信和热情深深打动，他顺利地被通用汽车录用。

这位年轻人就是通用汽车前董事长罗杰·史密斯。罗杰进公司的第一位朋友阿特·韦斯特回忆说：“在合作的一个月中，罗杰郑重地告诉我，他将来要成为通用汽车的总裁。”正如罗杰所愿，32 年之后，他成了通用的董事长。

自信是什么？自信就是自己信得过自己，自己看得起自己。没有自信，没有目标，你就会失去主见，一事无成。相反，有了自信，你就会坚持自己的方向，坚守自己的阵地，不管遇到什么困难、什么阻碍，都不会停下自己的脚步，改变自己的心志，而是勇往直前，不畏不惧，最终赢得成功。

那么，在工作中，如何才能增强自信心呢？

(1)自信建立在成功的基础上

自信是一种需要积淀和培养的品质，它有自己的成长过程。也就是说，每当你成功地做完一件事情时，你对自己的信心就会增强一点，所以，对自己强大的信心是建立在无数成功的基础上的。

当然，这些成功可以是各种各样的。比如你今天又克服自己的惰性，跑了 2000 米；比如你又解决了一个难解的二元一次方程，或者你把老板交给你的任务完成得很漂亮，这都是一些成功的事情。虽然它们微不足道，但如果我们能在小事上经常成功，就会充满成就感，对自己逐渐树立起坚定的信心来。

你的上司是否把最容易的产品让你去推销，让你处理一些很容易的信件，或者让你解决一些容易的问题呢？如果是这样，那么你最好先把这些事情做好，渐渐养成一种成功的习惯，从小事上建立起自己的信心，时机到了的时候，你就可以有准备地做一些较难的工作了。

(2)看到自己的才能与专长

很多员工看不到自己的长处，总是在自卑的角落里徘徊。不妨将自己的兴趣、爱好、才能和专长全部列在纸上，这样就可以清楚地看到自己所拥有的东西。另外，还可以做另一种开放式训练，即尝试各种事情，写文章、谈判、修理机器，甚至吹拉弹唱，无论做什么，都可能在不同的尝试中发现自己比想象中有用得多。

英国《每日邮报》曾经讲述了这样一个故事：一位男子在中风之后只能躺在床上治疗，护士小姐让他画画打发时间。结果他发现自己居然有作画的天赋，十分兴奋，立志要在病愈后开一间自己的画廊。后来他果然实现了这一愿望。

每个人都是巨大的潜能库，如果不能肯定自己，就会埋没自己。

(3)找到优越感

优越感是培育信心的最佳土壤。什么叫优越感呢？就是一种高高在上的感觉，当然我们要的不是骄傲自满，而是一种超越的力量，你认为自己有多高，就会有多高，这是所有励志大师们都在宣扬的理论。

(4)在做事情前充分估计困难

在工作中对面临的困难和挑战要有充分的估计，同时要充满自信，坚信自己一定可以成功。一旦遇到难题，要把精力放在解决问题上，认真地分析，仔细考虑采取什么样的行动来解决。当排除一切外来的干扰，将精力集中在工作上时，就会主动、及时地通过学习来弥补能力上的缺陷，挑战并超越能力极限。

总之，无论面对什么样的工作，面对多大的困难，只要坚信自己能够做好，就能不断地挑战自我，突破自我，走出精彩的职场人生之路。

好员工告诉你的经验

对于一名员工来说，拥有自信比拥有能力更重要。才能虽高，气焰却短，就像根蜡烛一旦遇到稍强的风，便会被吹灭。自信如同电灯，有时尽管是一点点微弱的光，却可以照亮前程。

3

绝对不要轻言放弃

【无论是团队还是个人，要想干成一件事，只有坚持下去才能取得成功。】

温斯顿·丘吉尔被认为是20世纪最重要的政治领袖之一，他带领英国取得了第二次世界大战的胜利。丘吉尔用他一生的成功经验告诉人们：成功根本没有秘诀，如果有的话，就只有两个：第一个是坚持到底，永不放弃，第二个就是当你想放弃的时候，回过头来照着第一个秘诀去做：坚持到底，永不放弃。史泰龙，世界电影巨星，就是因此而在影坛上奠定自我的地位的。

世界电影巨星史泰龙，他的父亲是一个赌徒，母亲是一个酒鬼。父亲赌输了，又打母亲又打他；母亲喝醉了也拿他出气。他在拳脚交加的家庭暴力中长大，常常是鼻青脸肿，皮开肉绽。因此，他面相很不美，学习也不好。高中辍学后，便在街头当混混儿。直到20岁的时候，一件偶然的事刺激了他，使他醒悟："不能，不能这样做。如果这样下去，岂不是和自己的父母一样吗？带给别人、留给自己的都是痛苦——不行，我一定要成功！"

他下定决心，要走一条与父母迥然不同的路，活出个人样来。但是做什么呢？他长时间思索着。从政，可能性几乎为零；进大企业去发展，学历和文凭是目前不可逾越的高山；经商，又没有本钱……他想到了当演员——当演员不需要文凭，更不需要本钱，一旦成功，却可以名利双收。但是他显然不具备演员的条件，长相就很难使人有信心，又没接受过任何专业训练。然而，他认为当演员是他唯一出头的机会。

于是，他来到好莱坞。找明星、找导演、找制片……找一切可能使他成为演员的人，处处哀求："给我一次机会吧，我要当演员，我一定能成功！"

很显然，他一次又一次被拒绝了。但他并不气馁，他知道，失败定有原因。每被拒绝一次，他就认真反省、检讨、学习一次。不幸，两年一晃过去了，钱花光了，他只能在好莱坞打工，做些粗重的零活。

他暗自垂泪，甚至痛哭。难道真的没有希望了吗？难道赌徒、酒鬼的儿子就只能做赌徒、酒鬼吗？不行，我一定要成功！他想，既然不能直接成功，能否换一个方法。他想出了一个"迂回前进"的思路：先写剧本，待剧本被导演看中后，再要求当演员。幸好现在的他已经不是刚来时的门外汉了。两年多的耳濡目染，每一次拒绝都是一次口传心授、一次学习、一次进步。因此，他已经具备了写电影剧本的基础知识。

一年后，剧本写出来了。他又拿去遍访各位导演，"这个剧本怎么样，让我当男主角吧！"普遍的反映都是剧本还可以，但让他当男主角，简直是天大的玩笑。他再一次被拒绝了。

他不断对自己说："我一定要成功！也许下一次就行，再下一次、再再下一次……"在他一共遭到1300多次被拒绝后的一天，一个曾拒绝过他二十多次的导演对他说："我不知道你能否演好，但我被你的精神所感动。我可以给你一次机会，但我要把你的剧本改成电视连续剧，同时，先只拍一集，就让你当男主角，看看效果再说。如果效果不好，你便从此断绝这个念头吧！"

为了这一刻，他已经作了3年多的准备，终于可以一试身手了。机会来之不易，他不敢有丝毫懈怠，全身心地投入。第一集电视剧创下了当时全美最高收视纪录——他成功了！史泰龙的健身教练哥伦布医生曾这样评价过他："史泰龙每做一件事都百分之百地投入。他的意志、恒心与持久力都是令人惊叹的。他是一个行动家，他从来不呆坐着让事情发生，而是主动地令事情发生。"

史泰龙艰难的成名过程给我们这样一个启示：在困难面前，要相信自己，永远不放弃。是的，只要不放弃，就有成功的机会。在今天的社会上，总有一部分人，他们整天想着很多美好的事情，可是一遇到困难时就打退堂鼓放弃了，结果他们最后什么东西也没有得到，只能徒给自己增添些许的烦恼。

现在的职场是一个变幻莫测的战场，也许这一秒你还是春风得意，下一秒也许就被炒了鱿鱼，或是打入冷宫。也许你的工作一直没有起色，你一直都得不到老板的青睐和重视，那么，失意的你是选择破罐子破摔呢，还是选择坚持，不言放弃呢？

刚从学校毕业的刘晓明在一家培训机构找到了一份课程推广员的工作。在走上工作岗位后，他工作十分努力并希望能够做出一番成绩。可是，不管他如何努力，却始终没有什么结果，没能让人前来参加他们公司所举办的课程培训。

“我劝你最好还是换一份工作，你都干了这么长时间一点成绩都没有。”他的一位同学劝他。

对于同学好心的劝解，刘晓明只是报之一笑，并没有因此而放弃。因为他觉得自己没能做出成绩，问题出在自己的身上：没能很好地传递出相关的课程信息，或者是所采用的方法不当。于是，他将更多的时间和精力投入到工作上，不仅仅如此，他还仔细地研究所要推广的课程，在每一次遭到拒绝时进行总结寻找原因以及向一些业绩优异的同事取经学习。

时间一天天过去了，刘晓明在实际的工作中一天天成熟起来，业绩也在慢慢地提升——因他前来听公司所举办的培训课程的客户越来越多。没过多久，他就成了公司内业绩最好的员工，当然他在工作上的优异表现也引起了领导的注意。领导已经决定再考察一段时间后就将刘晓明提拔为课程推广部的主管。

不难想象，如果刘晓明在开始的时候因没有取得业绩而主动放弃，不能坚持下来，没有主动去想办法，就不可能有以后工作中的优异表现。

拥有永不放弃的精神，应该是每一个有志的职场人士所必需的。无论是团队还是个人，要想干成一件事，都要有一种坚持精神。如果你坚持着不放弃，即使前面的山再高，你也可以一步一步地迈过去，看到山后美丽的风景。

好员工告诉你的经验

在工作中，每个人都没有当逃兵的理由，更没有选择放弃的权利。在逆境面前，只有坚持到底、永不放弃，才能体会到苦尽甘来的喜悦，成就一番业绩。

4

相信自我，挑战"不可能"

【成功永远属于乐观自信、敢于挑战的人，属于那些说"我能够"的人，而永远不会属于习惯于说"不可能"的人。】

我们也许对汤姆·邓普西这个名字不陌生，他的故事你也许知道：

汤姆·邓普西生下来的时候只有半只左脚和一只畸形的右手，父母从不让他因为自己的残疾而感到不安。结果，他能做到任何健全男孩所能做的事：如果童子军团行军10里，汤姆也同样可以走完10里。

后来他学踢橄榄球，他发现，自己能把球踢得比在一起玩的男孩子都远。他请人为他专门设计了一只鞋子，参加了踢球测验，并且得到了冲锋队的一份合约。

但是教练却尽量婉转地告诉他说，"你不具备做职业橄榄球员的条件"，并请他去试试其他的事业。最后邓普西申请加入新奥尔良圣徒球队，并且请求教练给他一次机会。教练虽然心存怀疑，但是看到邓普西这么自信，对他有了好感，因此就收了他。

两个星期之后，教练对邓普西的好感加深了，因为他在一次

友谊赛中踢出了55码,并且为本队争得了分数。这使他获得了专为圣徒队踢球的工作,而且在那一季中为他的球队争得了99分。

邓普西一生中最伟大的时刻到来了。那天,球场上坐了66000名球迷。球是在28码线上,比赛只剩下几秒钟了。

这时球队把球推进到45码线上。

“邓普西,进场踢球。”教练大声说。

当邓普西进场时,他知道他的队距离得分线有55码远,那是由巴第摩尔雄马队毕特·瑞奇踢出来的。球传接得很好,邓普西一脚全力踢在球身上,球笔直在前进。但是踢得够远吗?66000名球迷屏住气观看,球在球门横杆之上几英寸的地方越过,接着终端得分线上的裁判举起了双手,表示得了3分,汤姆队以19比17获胜。球迷们狂呼,为踢得最远的一球而兴奋,因为这是只有半只左脚和一只畸形的手的球员踢出来的!

“真令人难以相信!”有人感叹道,但是邓普西只是微笑。他想起他的父母,他们一直告诉他:他能做什么,而不是他不能做什么,他之所以创造这么了不起的纪录,如他自己说的:“他们从来没有告诉我,我有什么不能做的。”

邓普西是个残疾的孩子,在很多人眼里不可能做成的事,他却做成了,并且做得很好。为什么呢?因为在他的眼里从来没有“不可能”。

在任何时候,成功都只属于乐观自信、敢于挑战的人,属于那些说“我能够”的人,永远不会属于习惯于说“不可能”的人。

事实上,我们每一个人的潜能都是无限的。在工作中,无论遇到多么棘手的问题,你都要相信自己能够解决,而不断重复“不可能”的念头只会让你真的不能完成。记住,好员工的字典里没有“不可能”。事实上也是如此,在遇到难题时,只要我们能冷静分析、耐心梳理,往往可以想出理想的解决方案。

张晓霞是一家日用品厂的业务员。为了使厂子得到进一步的发展,厂领导在经过一番商议后,为业务部来年的工作确定了一个目标,就是产品的销售量要比原来翻三番。当业务部门的人在听到这一消息后,不由得抱怨起来,说什么自己的厂子只是一家小厂子,产品没有什么知名度,别说销量要翻三番能保持现有的销售量就算不错。大部分的业务员都觉得这一目标是不可能完成的。张晓霞当时的想法跟其他的同事一样。

虽说业务部门的人都对厂子的这一决定感到不满,但因没人提出不同的意见,业务部就根据这一目标给部门的每个人下达了相应的硬指标。张晓霞因一直以来销售业绩不错,所分担的任务量就比其他的人要多些。

"我真的不知道厂子的领导是怎么想的,这不是强人所难吗?"张晓霞一回到家便充满怨气地把这件事说了出来。

"确实,你们的目标是定得太高了些。"张晓霞的丈夫笑着说道。

"是啊!谁说不是呢?我想没人能完成。"张晓霞说道。

"你不会是真的觉得自己做不到吧!"在听到张晓霞这么说后,丈夫吃惊地反问道。

"嗯!"

"在这个世界上没有什么不可能的事,大多是我们觉得不可能而已。"丈夫看了妻子一眼,笑了笑,安慰道,"给自己一点信心,用心去做吧!我相信你!现在,你只不过是对自己没有信心罢了,我想只要你用心去做,仔细想想,你肯定会做到的。想想看,你还没有去做,就觉得'不可能',你能做得好吗?"

听完丈夫的话后,张晓霞觉得很有道理,也就不再唉声叹气,把'不可能'挂在嘴上,而是在想怎么才能完成自己的目标任务。利用春节假期,她对自己厂的产品进行了细致地研究,并分析了同类型产品在市场上的占有量以及所采用的销售模式,慢慢地她有了一个较为详细的方案。当她做完这些工作之后,完成任务的信心也在不知不觉地增强。

假期一结束,张晓霞回到厂子后,便开始按着自己的方案展开了工作,在开始的时候,虽然遇到一些阻碍,但是她坚持了下来,并且积极想办法一一化解。到了年底,令所有人感到意外的是,张晓霞竟然超额完成了工作任务。

没有任何的一项工作任务没有难度,只不过难度的高低不同而已。

在面对一些难度较高的工作任务时，我们觉得自己不能做好，并不是真的不能做好，而是在于我们对自己缺乏信心，在还没有动手去做之前就觉得“不可能”。想想看，老是在这种悲观地意识下，我们连动手去做的勇气都没有，怎么能把事情做好呢？

事实上，无论做什么事我们都要相信自己，千万不要因为觉得“不可能”而放弃。因为当我们觉得不可能的话，就会让失去把事情做好的勇气，会缩在自己的小城堡里不敢去尝试解决问题的各种方法，从而限制了自我的能力发挥，同样也限制了我们自身的发展。

好员工告诉你的经验

强者的世界里没有什么不可能，遇到再难的问题，只要你敢想敢做，“不可能”也会变成“可能”。

5 勇敢面对那些工作中的难题

【在工作中遇到难题时，要勇敢面对，不要幻想逃避，不要犹豫不决，不要依赖他人意见，要敢于做出自己的判断。】

作为公司的一员，你要想成为好员工，得到老板的器重，就必须想方设法获得他的信任。而要想让老板信任你，你就必须把工作中遇到的难题解决好，也就是说，要做到面对任何问题都能声色不变，处之泰然，并妥善解决。

张萌是公司的一名普通职员，前段时间到外地出差。这天，她刚回单位，在门口就碰到了一个中年男子。那位看起来很是生气，问张萌是不是这家公司的职员。当张萌问他有什么事时，对方就质问张萌的公司究竟是怎么回事,什么东西都敢往外卖,不是坑人吗?

在听到这些话后,张萌知道了对方可能是因为购买了公司的产品出现了问题。就当她想要进一步询问是具体的情况时,一位同事将张萌叫到了一边,悄悄地告诉张萌,这位已经来了好几次,所说的都是一些无理的要求,并劝张萌不要自找麻烦。

张萌想了想,还是将那位请进了会客室。因为她知道这件事如果不能及时地解决,势必会给公司的声誉带来影响,而作为公司的职员她有责任去面对。虽说那位比较固执,事儿也多,但是在张萌耐心地询问与劝解之下,问题终于圆满解决。

老板知道这一情况后,对张萌大为赞赏,没过久就将她提拔到客户部经理的位置。

解决了问题,就等于抓住了机遇,因为机会总是乔装成"难题"的样子。琳达就是抓住了这样的机遇。

如果面对工作中的难题,你总不能妥善解决,那么它就会成为你工作的负担,这样,不只是你本人的不幸,也是老板的不幸。因为企业在发展过程中,总会不可避免地遭遇到各种问题的困扰。它们的出现,就像太阳日升月落般自然。所以,老板们迫切需要那种能及时化解问题的人才。从根本上讲,老板欣赏处事冷静,善于解决问题的好员工。

因此,在工作中遇到难题时,要勇敢面对,不要幻想逃避,不要犹豫不决,不要依赖他人意见,要敢于做出自己的判断。对于自己没有把握的,又不是自己必须处理的难题,可以征询别人或者老板的意见;对于自己能够判断,而又是本职范围内的事情,大胆地去拿主意,让难题在你这儿解决掉吧。解决了这些问题,你才能迎接新的契机。否则,你一辈子注定要被冷落、忽视。

总之,在遇到工作中的难题时,要想真正的处理它,唯一的做法就是相信自己,然后想办法怎样去解决,而非逃避。那么,我们怎么才能做到这一点,并且有效地将所遇到的困难解决呢?以下就是一些值得我们借鉴的方法。

(1)首先,要相信自己有能力解决所遇到的困难

在很多的时候,我们遇到困难采取退缩方式是因为我们对自己是否

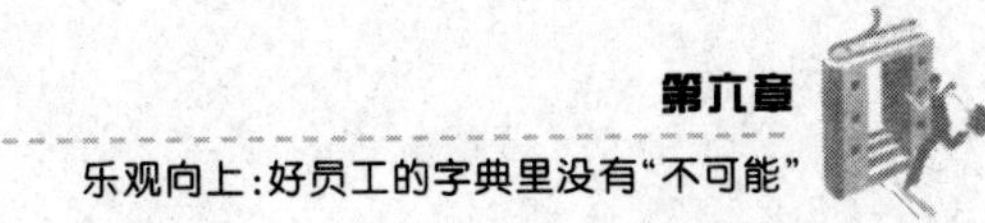

能够做好那件事情缺乏信心。由此,当我们在工作中遇到困难时,要想解决这些问题,首先要做到的是,要相信自己能够解决这些问题。

自信是我们能否顺利地解决那些困难的基础,这一点,是我们每一位身在职场中的人都应牢记在心的。

(2)善于向身边的同事学习

我们在工作中所遇到的困难,并非只是我们才能遇到的。对我们来说,那些早于我们进公司的同事,他们可能遇到类似的困难。如果我们在平时能够跟身边的同事处理好人际关系,便可以从他们那儿得到一些可供借鉴的经验。

聪明的人是属于借用他人的经验令自己快速地走向成功。如果,我们在职场中能够做到这一点,便会让我们在很多的时候能够较为轻松的解决处理好工作中的一些难题。

(3)不要因为错误小就有所忽略

我们在工作中所遇到的困难,在很多的时候并非像我们所想象的那般严重,也并非所有的困难在一开始就让我们觉得是无法解决的问题,往往是因为一些细小的问题慢慢累积而成的。因此,当我们在开始工作的时候,要始终用一种认真的态度去面对,哪怕是最小的问题我们都要解决,当我们将这些小的问题一一解决之后,就不会出现一些让我们觉得无法解决的问题。

(4)可以调整,但是不可放弃

如果,当我们在工作中遇到凭借自己现在的能力无法解决的问题,我们同样不能够轻言放弃,因为在这个时候,如果我们真的放弃了的话,原来所做的一切努力都会白费。那么,我们在这个时候,应该怎样做呢?我们可以暂时的放一放,对自我进行一番调整,当时机成熟之后,便可以将问题解决。例如,当你是某家公司的企划人员,公司有新的产品推出要你做一份企划书。当你在做了一段时间之后,你感觉到有些困难,在这个时候,你最好的方法是暂时休息一下,将自我的精神和精力调整一下,说不准,你很快便能将任务完成。

(5)敢于尝试,用新的方法做事

虽说他人的经验,让我们在处理一些困难的时候有借鉴作用,但是却并不能让我们能百分之百地处理好这些问题。记住,他人的经验只能供我们借鉴。因为我们所遇到的困难可能和他们所遇到的困难相似,但是却同样有所区别,如果不能够根据当时的具体情况,采取适当的方法是不可能有效地解决问题的。

好员工告诉你的经验

无论发生什么事,你都要予以妥善地处理,并用坚韧的毅力达到目的。这样你才会有成功升职的机会。因此,你要记住:千万不能让消极的思想侵蚀你的心灵。

6

"所有的问题,我就是答案"

【遇到困难时拍拍胸口说:"所有的问题,我就是答案!"具备这样乐观自信的心态,我们就能更好地处理好工作中的难题。】

在工作中,我们不可能不会遇到困难,在这个时候,如果我们拥有乐观自信的心态,拍拍胸口说:"所有的问题,我就是答案!",相信就没有不能完成的工作任务。

某天线公司的总裁来到营销部,让大伙儿针对天线的营销工作畅所欲言,各抒己见。

营销部赵经理耷拉着脑袋,叹息说:"人家的天线三天两头在电视上打广告,我们公司的产品没有知名度,我看这库存的天线真够戗!"其他人也随声附和。

总裁脸上布满阴霾,扫视了大伙一圈后,把目光停留在一位年轻人身上。总裁走到他面前,让他说说自己的看法。

年轻人说:"我们公司的老牌天线今不如昔,原因颇多,但归结起来或许就是我们的销售定位和市场策略不对。”

这时,赵经理对年轻人的这些似乎暗示了他工作无能的话感到不悦,并向他投来警告的一瞥,最后讽刺地说:“你这是书生意气,只会纸上谈兵,尽讲些空道理。现在,全国都在普及有线电视,天线的滞销是大环境所致。你以为你真能把冰推销给爱斯基摩人吗?”

不等年轻人争辩,赵经理便将了他一军:“公司在甘肃那边还有5000套库存,你有本事推销出去,我的位置让你坐!”

年轻人朗声道:“现在全国都在搞西部大开发,我就不信质优价廉的产品连人家小厂都不如,偌大的甘肃难道连区区5000套天线也推销不出去!”

几天后,年轻人来到兰州天元百货大厦。商厦老总向他大吐苦水,说他们的天线知名度太低,一年多来仅卖掉了百来套,还有4000多套在各家分店积压着,并建议年轻人去其他商场看看。接下来,年轻人跑遍兰州几个规模较大的商场,情况大致如此。

正当沮丧之际,一则消息见诸报端,说一个农场由于地理位置关系,买的彩电都成了聋子的耳朵——摆设。看罢,年轻人如获至宝,当即带上10套样品天线,几经周折来到这个农场。农场场长告诉年轻人,这里夏季雷电交加,以前常有彩电被雷电击毁,不少天线厂家也派人来查,知道问题都出在天线上,可查来查去没有眉目。这里的几百户人家也就不敢再安装天线了。

年轻人检查后发现,自己公司的天线与别的厂商的毫无二致,也就是说,自己公司的天线若安装上去,也免不了重蹈覆辙。年轻人绞尽脑汁,在经过一段时间的调查研究后,终于找到了原因,那就是天线放大器的集成电路板上少装了一个电感应元件,才导致了线毁机亡。在知道了原因后,年轻人立刻从商厦召回的天线,全部加装了感应元件,并将这些天线先送给农场场长试用半个多月。在那段时间,虽说时有雷电交加的天气,但场长的电视机安然无恙。就这样,该农场场主一次性订了500多套天线。同时,热心的农场场长还把年轻人的天线推荐给附近5个农林场。就这样,原本滞销的产品销路打开了,5000 套天线一扫而光。

40 天后,年轻人返回公司总部,总裁携公司员工,迎接英雄一样的欢迎他的归来,并正式任命他为新的营销经理。

在工作中,我们经常会遇到这样那样的问题,这时候,我们是害怕困难而逃避责任呢?还是拍拍胸口,充满信心说:“所有的问题我就是答案”,然后想办法去解决呢?好员工当然选择后者,无论遇到什么样的困难,他们都不会被逃避,而是积极乐观地面对。因为他们知道,方法总比问题多,只要去想、去实践,问题总会解决。

在工作中,我们经常会遇到这样那样的问题,这时候,我们是被它吓住,逃避困难,成为困难大山脚下的小矮人呢?还是拍拍胸口,充满信心说:所有的问题我就是答案,然后想办法去解决呢?好员工当然选择后者,无论遇到什么样的困难,他们都不会被吓到,都会乐观地面对。因为他们知道,方法总比问题多,只要去想、去做,办法总会有的。

这是一个星期日,但对曲棍球赛场项目部的人来说已经没有休息日了。晚上 6 点多,在曲棍球场工地旁临时搭建的生活区会议室里,项目部里的党员们面色沉重地围坐在一起。有的人手中点着烟,却一口都没有抽。

王兴光随手抽出一个小本,写下了面临的问题:67 家采购单位要进场,26 家专业分包商要进场,7 家劳务要进场……各方面都要进场安装,而距“好运北京”系列赛前交付使用的期限已经不到 4 个月了。

“工期已经很紧了,工作量太大。工序太多,已经排不下了。”面对这么短的工期,这么烦琐的工作,执行经理牛小圈挠了挠头。他是个公认的硬汉子,以前多大的施工难题他都没服过软。不过,这次他深感压力巨大。

尽管如此,大家在潜意识中非常明白,根本没有退路。项目总工程师彭爱京狠狠地抽了一口烟,戳在烟缸里捻灭:“排不下也得干!我就不知道有什么是咱们干不了的事!”

支部生活会变成了攻关专题会。3 个多小时后,每个人都像打了强心针。在随后的施工协调中,项目部想出了一个巧妙

的方法:在每个工序进来以后,都挑一个功能用房施工,作出“样板间”,项目部再根据施工的时间和条件算出最合适的方案,保证施工的顺序和进度。

这个方法确实很有效,曲棍球赛场的工程如期竣工了。

曲棍球赛场的工程如期竣工,靠的是什么?靠的就是项目部成员们想尽一切办法都要完成任务的信念。办法总会有的,就看我们想不想动脑筋去发现。一切困难在勤于思考的人面前都是可以克服的。只有想尽一切办法克服困难、保证完成任务的人,才能体会到什么叫“风雨之后见彩虹”。

事实上,面对困难我们要做到乐观自信并不难,只要平时敢于肯定自己的优点,遇到困难或挫折时,以积极的心态尽快找出解决的办法就可以了。只有自己对自己充满信心,你才能在工作中提高成功的几率,高效地完成任务。

好员工告诉你的经验

作为一名员工,在工作中会遇到各种困难,此时,需要做的是以足够的信心迎接工作给予我们的挑战,不做临阵逃兵,才能做个好员工。

第七章　关注细节，再小的事也要认真去面对

好员工在面对工作的时候，从来不会忽略身边的任何一件事，即便是再简单不过的事，也要把它做到完美至极。他们的工作信条便是："工作中没有不值得去做的小事，即使是小事也要做到最好。"因为他们知道：每个人的工作，都是由一件件小事构成的，工作之中无小事。

1

好员工从来不会心存侥幸

【好员工从来不会心存侥幸，对于工作中的任何小事都会全力以赴，力求做到最好。】

在我们的身边，有一些人天真地认为，做事只要大方向不错，小事上认不认真，也就不会出什么错。这是一种侥幸心理，要知道，很多不幸都是由于心存侥幸，疏忽细小的事情引起的。例如，很多司机喝了酒，心存侥幸——不就是喝了点酒嘛，不会出什么大事的，结果使很多无辜的人受到伤害，甚至丧失了生命；有人心存侥幸，从高层住宅上随手扔下一个酒瓶，结果将从楼下经过的行人砸死；世界上许多森林大火，也往往是有人心存侥幸，乱扔烟头造成的……

同样，在工作中，很多员工心存侥幸，因为一个电话、一份文件，甚至是一句话、一个标点符号没有处理好，而给公司带来巨大的损失。小事其实不小，它直接导致大问题的发生。比如，在平时一个小数点确实很小，但是放到合同之中，它就非常大了，甚至可以让一个企业因此而倒闭。世界上的大企业的倒闭，有许多并不是因为大事件，而是在不起眼的小事上栽了跟头。

心存侥幸，不重视小事，忽视小错误，也是许多员工在职场中一直不能有所突破，时时被失业、下岗等问题所困扰的重要原因。

一位成功人士讲述起他曾经的这样一次经历。

为了能尽早地找到一份好工作，在参加一次招聘会的时候，他为了尽早赶到会场，早晨起来忙碌了一番，匆忙之间把一个水

杯碰翻，溅湿了放在旁边的简历。他认为这无关紧要，只是将简历简单擦了一下，便匆匆忙忙塞进背包，赶到了招聘会场。

招聘会上，他对一家房地产公司的营销策划主任的职位很满意，于是，走近前与招聘考官交谈了起来。那个考官见他仪表整洁、谈吐自如，专业知识也很优秀，就让他先把简历留下来。

他觉得自己表现不错，心中希望大增，于是赶紧从书包中翻出简历。这才发现，简历上已经浸满了大片的水渍和污点，而且由于和其他物品混杂在书包里，再加上钥匙等东西的划痕，已经褶皱不堪了。他显得很尴尬，尽量将它弄平整，然后才递了过去。

看着这样一份斑斑渍渍的简历，考官的眉头皱了皱，但还是收下了。

几天以后，公司通知他去面试。在面试的时候，他表现积极活跃，无论是现场操作幻灯片，还是为虚拟的产品做简介与评述，他都完成得相当精彩。甚至还即兴表演了才艺，赢得了面试负责人的啧啧称赞。

然而面试过去一周后，依然没有得到回复。他迫不及待地打了一个电话向那家单位询问情况，得到了这样的答复："其实我们老总对你也很满意的，但你却败在了简历上。他说，一个连简历都保管不好的人，怎么相信他能管理好一个部门呢！"

这位成功人士就是因为疏忽小的细节，出了错误而心存侥幸，不及时补救，结果与好机会擦肩而过。试想一下，他如果能够重新制作一份简历或者对弄脏的简历重新包装一下，结果又会是什么样子呢？

一个人的行为举止，特别是在一些细小事情上的表现，往往最能反映出一个人的品质，一个不注重细节，不注意及时纠正小错误的人，是不可能真正拥有强烈的责任感和敬业精神的。好员工不会轻视身边的任何一件事情，即使是再小的事情，他们都会要求自己把它做到完美至极。

大学毕业的陆曼，幸运地被一家中等规模的证券公司录用。她十分高兴，并憧憬着能在工作岗位上做出一番成绩。然而，在走上工作岗位后，她才发现公司给新人安排的实际工作并不多，大部分是发报纸、复印、传真、整理文件等细小琐碎的事情。

同来的新人们觉得要他们大学生做杂活，未免有些丢脸，又觉得不受重视，不免满腹牢骚，便经常找借口推脱。陆曼也觉得有些委屈，回家就跟母亲抱怨。

身为职业女性的母亲笑了笑，说："小事不做，焉能做大事。须知，由细微处方见真品性。"母亲让陆曼心态放平和一点，认真地对待每一件所要做的事。

陆曼想了想，觉得有道理，便不再和大家一起发牢骚，见到别人不愿意做的琐事，她便接过来做，有时甚至还要加班加点。有些新人笑她傻，说有时间多休息休息不好吗；有些就说她贪图表现，说不用这么拼命吧。不管别人怎么说，陆曼总是笑而不语。

其实，陆曼所做的一点一滴，部门主管都看在眼里。而真正让主管对她另眼相看的是，有一次，他让陆曼打一份文件，没想到陆曼竟然认真地校对了一遍，并且将一些不怎么妥当的地方一一标注出来，询问需不需要修改。在那件事后，主管就开始安排一些专业的工作交给陆曼做。公司的老员工也喜欢这个手脚麻利、不挑三拣四的"傻女孩"，平时也颇乐意将自己多年的工作心得传授给她，并将公司里人际关系上的微妙之处向陆曼点拨。逐渐地，陆曼在工作上越来越顺手，人际交往的分寸上也把握得越来越好。

试用期转眼之间就结束了。有了这么好的人际关系，又有了那么好的工作成绩，在讨论新人转正的问题时，陆曼自然成了第一批转正的新人，并且被安排到了她最向往的岗位，成功地迈出了职业生涯的第一步！

在现实中，总有这样的现象：相同的工作环境、相同的背景，有的人成为老板最器重的人，而有的人却一直碌碌无为。是什么造成了这样的现象呢？

陆曼就以她亲身的经历给了我们一个很好的答案，做好小事才能成就大事，不忽视细节才能铸就完美。因此，在工作中，一个人要想有所成就，就必须向好员工学习，重视细节，做好小事，不存侥幸心理。如果你是书店的一名营业员，那么请勤于擦拭书架上的灰尘吧；如果你是一名公交

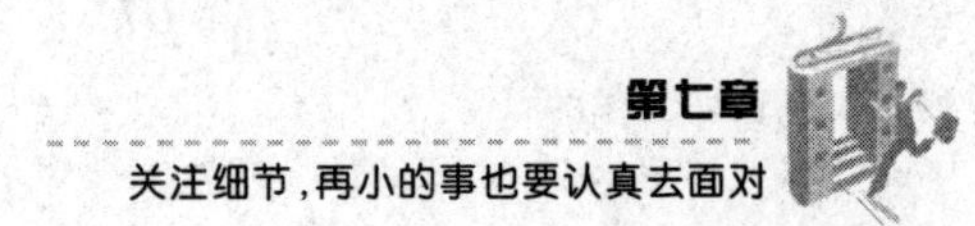

车司机，那么让你的车天天保持整洁吧；你是一名教师，那么请耐心地批改每一份作业和试卷；如果你是一名技术人员，那么请认真编写每一行程序或者细心焊接每一块电路板……

好员工告诉你的经验

小事，一般人都不愿意做。但成功者与平庸者最大的区别，就在于成功者愿意去做别人不愿意做的事情，因此他获得了成功。

2 在工作中永远没有小事

【在面对工作的时候，好员工从来不会忽略身边的任何一件事，即便是再简单不过的工作，也要把它做到完美至极。】

我们每个人所做的工作，都是由一件件小事组成的，因此对工作中的小事绝不能采取敷衍应付的态度。很多时候，一件看起来微不足道的小事，或者一个毫不起眼的改变，都可能是工作中的一个突破，甚至可能改变你的职业生涯。

好员工在面对工作的时候，从来不会忽略身边的任何一件事，即便是再简单不过的工作，也会要求把它做到完美至极。因为他们知道：在工作中永远没有小事。

绝大多数初入职场的人——不管在哪个领域，从事什么样的工作，都会经历一段或长或短的做小事的特殊时期。在那段时间里，他可能被安排在不受重视的部门，做着打杂跑腿的工作，也时常会遭到无端的批评、指责、代人受过，很长时间都得不到必要的指导和提携。

其实，无论多么优秀的人才，在工作初期都有可能被派去做像这样琐碎的小事。在这种情况下,有一句重要的的话我们应该铭记在心:与其浑浑噩噩浪费时间,不如从你经手的每一件琐事、每一件小事中得到成长。

罗明在刚到深圳的时候,因年轻又没有文凭和技术,便只好在快餐店找到一份送“外卖”的工作。这份工作不仅很辛苦,而薪水很低,每月薪水只有500元。罗强很是珍惜这份工作,在每一次送餐之前,他不但会详细地问清对方的具体地址,还会将送餐车擦拭的非常干净。

与他一同送餐的同事都劝他,说他们只是送快餐而已,只要把快餐送到就够了,何必要做这些呢?难道罗明不知道累吗?不知道休息休息。

罗明听到同事的这些言语后,只是嘿嘿一笑,并没有过多的说什么。

转眼之间,罗明就在这家快餐店干了近一年,他的一举一动都被老板看到眼里。老板十分欣赏这个勤劳、踏实肯干的小伙子。就在快过春节的时候,老板主动地找到罗明,说自己准备再开一家分店,这家分店的具体业务将由罗明全面负责。

老板的这一决定不仅让罗明觉得意外,就连其他同事都觉得有些突然。

在听老板说完后,罗明害怕自己不能干好。老板却对罗明充满了信心,因为罗明连擦餐车这样的小事做的都很细致周到。一个连身边的小事都不会忽视的人,肯定能成就大事。果然,罗明并没有让老板失望,新开的分店在罗明的管理下,生意十分红火,当然,罗明也因此而得到了应有的回报。

能否把小事做好,不仅仅是一个人的能力体现,更是一个人的责任与敬业精神的良好体现,它直接决定了我们能否在职场获得很好的发展,决定了我们个人在事业上的前途与命运。

一点没错,每个人所做的工作,都是由一件件小事构成的。士兵每天所做的工作就是队列训练、战术操练、巡逻、擦拭枪械等小事;饭店的服务员每天的工作就是对顾客微笑、回答顾客的提问、打扫房间、整理床单等小事;你每天所做的可能就是接听电话、整理报表、绘制图纸之类的小事。你是否对此感到厌倦、毫无意义而提不起精神呢?你是否因此而敷衍应付，心里有所懈怠呢？这不能成为你的借口。你要记住：这就是你的工作，而工作中无小事。

要想成为好员工，就请先把工作中的小事做好吧！你不妨先从以下细节开始，慢慢养成认真对待小事的习惯。

(1)保持办公桌的整洁、有序

如果一走进办公室，抬眼便看到你的办公桌上堆满了信件、报告、备忘录之类的东西，就很容易使人有混乱感。更糟的是，这种情形会让人觉得你是一个不细心，马虎懒散的人，也会让你自己觉得有堆积如山的工作要做，可又毫无头绪，根本没时间做完。况且，零乱的办公桌无形中会加重你的工作任务，冲淡你的工作热情。

因此，要想做好小事，不妨先从整理你的办公桌开始！

(2)不把请假看成是一件小事

不随便请假，以身体不好、家里有事、孩子生病……为借口请假这样既会让老板反感，而且还会影响工作进度，很有可能导致任务逾期不能完成。即使你认为工作效率较高，认为耽误一两天不会影响工作进度，那也不能轻易请假，因为你身处的是一个合作的环境，你的缺席很可能会给其他同事造成不便，影响其他人的工作进度。所以不要随便请假，更不要因为逃避繁重的工作或无关紧要的小事情请假。在公司里，有很多人一旦所负的责任比平时要重，便会产生逃避心态。

(3)办公室里严禁干私活、闲聊

任何私事都不要在上班时间内做，更不能私自使用公司的财物。就员工个人而言，利用上班时间处理个人私事或闲聊，会分散注意力，降低工作效率，进而影响工作进度，造成任务逾期不能完成。所以把办公时间全部用在工作任务上，是必要的，也是必需的。

(4)下班后不要立即回去

下班后要静下心来，将一天的工作做个简单总结，制定出第二天的工作计划，并准备好相关的工作资料。这样有利于第二天高效率地开展工作，使工作按期或提前完成。离开办公室时，不要忘了关灯、关窗，检查一下有无遗漏的东西。

(5)适时关闭你的电脑

除非必要，否则不要让电脑在上班时间一直开着，更不能借工作掩护上网、玩游戏、看 DVD。在工作中，热衷于做这些事，只会浪费你有限的时间和精力，增加你的工作压力，提高绩效自然也就无从谈起了。最好的做法是：在做完当天的工作，为明天的工作找好资料后就关闭电脑，控制自己上网、玩游戏的欲望。

或许你认为这些与你的工作没有多大的联系，是否真的如此呢？其实不然，这一切的一切其实反映了你的工作态度，并且直接体现的是你是否具有主动执行的精神。

工作中无小事。每一件事都值得我们去做。即使是最普通的事，也不应该敷衍应付或轻视懈怠，相反，应该付出你的热情和努力，多关注怎样把工作做得最好。

好员工告诉你的经验

每个人所做的工作，都是由一件件小事构成的，但不能因此而对工作中的小事敷衍应付或轻视懈怠。记住，工作中无小事。

3

认真面对工作，即使是不起眼的小事

【在日常工作中，我们需要向自己挑战的不仅仅是工作能力，还有我们做事的态度。】

工作值得我们努力去做，别轻视你做的每一项工作，哪怕是一份微不足道的工作，你也要竭尽全力、认真地把它做好。那些深受老板与上司赏识的好员工无一不是像这样的人，他们在日常工作中，即使面对的是一些琐碎的小事，都不会因为事小，就忽略它们的存在，而是始终以一种认真的态度去面对。

一个青年，大学毕业后去了深圳，想闯出一番事业。但很不幸，一下火车，他的钱包就被偷了，身份证和所有钱都没有了。在受冻挨饿了两天后，他决定拣垃圾，虽然饱受白眼，但至少能够解决吃饭问题。

一天，他正在低头拣拾垃圾，忽然觉得背后有人注视自己。他回过头，发现一个中年人站在他身后。中年人拿出了一张名片："这是一个正在招聘的公司，你可以去试试。"

那是一个很热闹的场面：五六十个人，同在一个大厅里，等着小姐叫号。其中很多人都是西装革履的，他有点儿自惭形秽，想离开，但最终还是留在了那里。

当他递上名片，小姐就伸出手来说："恭喜你，你已经被录取了。"见他不解，小姐又补充了一句："这是我们总经理的名片，他曾经吩咐过，有个青年会拿着这张名片来应聘。他只要来了，就是我们公司的一员！欢迎你！"

就这样，没有经过任何面试，他进入了这家公司。后来，由于个人努力，他还成了副总经理——仅次于总经理，即递给他名片的那个中年人。

"你为什么会选择我?"在闲聊时，他都会问总经理同样一个问题。

"因为我会看相，知道你是个人才啊!"每次，总经理都像这样半开玩笑地回答。

又过了两三年，公司业务越做越大，总经理要去新城市进行新投资。临走时，便将这个城市的所有业务都委托给了他，这是意料之中的事，亦是众望所归。

送行那天，他和总经理在贵宾候机室里面对面坐着。"我知道，你一直都很想知道，我为什么会选择一个拣拾垃圾的年轻人，让他成为我的职员，最后还接替了我的经理位置。"总经理淡淡一笑，说起了往事，"那是因为你自己很优秀！那次我看见你在拣垃圾，然后我刻意观察了你很久。知道吗？你让我震惊。你是唯一把有用的东西拣拾出来后，还将剩下的垃圾整理好放回垃圾箱的人。当时我就在想，如果一个人在这样不利的环境下，还能够注意到这种细节，还能这样认真，那么他做什么事都会很踏实，一步一个脚印。无论他是什么学历，什么背景，我都应该给他一个机会。像这样认真做事情的人，不可能不成功。"

一位哲人说过：无论做什么事情，你的态度决定你的高度。在日常工作中，更多的时候，我们需要向自己的做事态度而不是工作能力挑战，做到即使是小事也要做到最好，任何事情都要力争一流。

20世纪30年代，英国一个不出名的小镇里，有一个名叫玛格丽特的小姑娘，从小就接受了严格的家庭教育。父亲经常向她灌输这样的观念：无论做什么事情都要力争一流，永远走在别人前头，而不能落后于人。即使是坐公共汽车，你也要永远坐在前排。对年幼的孩子来说，父亲的要求可能太高了，但他的教育在以后的日子里被证明是非常宝贵的。正因为从小就受到父亲的"残酷"教育，才培养了玛格丽特积极向上的决心和信心。在以后的学习、生活和工作中，她时时牢记父亲的教导，总是抱着一往无前的精神和必胜的信念，尽自己最大的努力克服一切困难，做好每一件事情，事事必争一流，以自己的行动实践着"永远要坐前排"的人生理念。

玛格丽特不光在学业上出类拔萃，她在体育、音乐、演讲及学校的其他活动中也都一直走在前列，是学生中凤毛麟角的佼佼者。当年她所在学校的校长评价她说："她无疑是我们建校以来最优秀的学生，她总是雄心勃勃，每件事情都力争要做到最好。哪怕是最微不足道的事。"

正因为如此，多年以后，英国乃至整个欧洲政坛上才出现了一颗耀眼的明星，她就是连续4年当选为保守党领袖，并于1979年成为英国第一位女首相，雄踞政坛长达11年之久，被世界政坛誉为"铁娘子"的撒切尔夫人。

"永远要坐前排"，既是对做事态度的极致要求，也是对做事能力的极致挑战，"事事都要力争一流，事事都力争做到最好"，这是我们对待任何工作都应有的态度。

如果你想使自己所做的事达到更好的境界，那么你今天就可以达到，不过你得从这一刻开始，摒弃对小事无所谓的恶习才行。还是那句话：因为我们每个人所做的工作，都是由一件件小事构成的，对小事敷衍应付或轻视懈怠，将直接影响到最终的工作成绩。

可以这么说：从某种意义上来讲，做好不起眼的小事就是获得了成功。

好员工告诉你的经验

每一件事都值得我们去做，不要小看自己所做的每一件事，即便是最普通的事，也应该全力以赴、认认真真地去完成。

4

做好每一件简单的事情

【工作中，没有任何一件事情，小到可以被抛弃；没有任何一个细节，细到可以被忽略。同样是做简单的小事，不同的人会有不同的成就。】

在一般人心里有一个普遍的错误观念，就是认为只要大事做得好，简单的事做不做好不重要，跟结果没有多大关系。其实，所有的事都是由简单的小事积累而成的，简单的事做不好的人绝不会把大事做好。事实证明，事情简单并不是不费吹灰之力就能轻易做成的。

达·芬奇14岁那年拜意大利著名画家和雕刻家委罗基奥为师。在这之前达·芬奇就小有成就。然而，委罗基奥给他布置的第一个作业，却是让他画鸡蛋。

达·芬奇天天对着鸡蛋照着画。过了很长时间，委罗基奥还是继续让他画蛋，认为他的基本功依然不够扎实。

终于有一天达·芬奇忍不住了，便问老师："我什么时候才能画完呀？"

老师告诉他："要画好这个小小的鸡蛋可不简单呀！在1000个鸡蛋里面，从来就没有形状完全一样的。即使是同一个鸡蛋，只要观察的角度不一样，照射的光线有差异，它的形状也会有所变化。画蛋，目的就是要训练你的观察和把握形象的能力，使你能够随心所欲地表现一切事物。"

达·芬奇恍然大悟，便继续认真地画着这个看似简单却寓意深奥的鸡蛋。正是从一个鸡蛋开始，他后来创作出了《蒙娜丽莎》、《最后的晚餐》等传世佳作。

许多看似简单的事，其实很难做。这个"难"，并不是因为事情有多复杂，而是难在你能否把它做好，把它做彻底。比如"做一天和尚撞一天钟"里的"撞钟"这件事够简单的吧，但如果让你每天早上、傍晚都撞钟一次，日复一日，月复一月，年复一年……你能坚持下来并撞好钟吗？

有一家大型机械厂，旋车工的工作就是日复一日旋螺丝钉。刘军自从毕业之后便在这家工厂工作，他看着那一大堆等待他去旋车的螺丝钉，满腹牢骚，心想自己干什么不好，为什么偏偏来旋螺丝钉呢？他整天无精打采的，感觉自己在忍受着煎熬。虽然刘军心中对自己所做的工作充满了抱怨，同样想重新寻找一份工作，但是他到几家公司去面试过，却都没被录取。这样一来，他便只能在这家工厂待着。日子一天一天地过着，突然，厂子因为经济效益不好，决定裁员。不用说刘军的名字理所当然地被列在被裁人员的名单中。

旋螺丝钉是件很简单的事情，但不是每个人都有耐心做好的。面对简单的事情，你是否像上叙事例中的刘军一样没有认真去做呢？要成就大事业，首先要重视简单的事情，把简单的事情做好，这是永远不变的真理。试想，简单的事情都不能认真踏实去做，把它做得完美，还谈做什么大事呢？

工作中，没有任何一件事情，小到可以被抛弃；没有任何一个细节，细到可以被忽略。同样是做简单的小事，不同的人会取得不同的成就。好员工懂得做好每一件简单的事就是不简单。

有一家乳品企业在某城市做了一个大型的促销活动，他们的营销副总信誓旦旦地说："我们的推广非常注重实效，每天在

全市穿行的100辆崭新的送奶车，醒目的品牌标志，还有统一的车型颜色，本身就是流动的广告，即使没有送奶任务，我们的送奶车也要在街上开着转。多好的宣传方式，别的厂家根本没重视这一点。”

刚开始的时候，这一招的确奏效，市民纷纷购买这家企业的乳制产品，很多家庭都喝这个品牌的牛奶，效应越来越明显。可是没过多久，很多家庭便不再坚持喝这个品牌的产品，甚至有的人称，坚决不再喝这一品牌的奶，于是，购买量大幅度回落。

那位营销副总很是纳闷，搞不明白是怎么回事。副总手下有一个细心的负责人小杨，他发现那些送奶车用了一段时间后，由于忽略了维护清洗，车身甩满了泥污，甚至有些车厢已经明显破损，但照样每天在大街上招摇。

“简直受不了这种视觉污染。每天都受这样的刺激，我们还能喝这种奶吗？”小杨听到不少用户在私底下这样抱怨。

小杨立即意识到问题的严重性，于是决定重新整顿送奶车队。说到做到，每天送完奶，小杨都要仔细清洗车身，擦拭玻璃，检查车有没有不合标准的地方，焕然一新的送奶车变得窗明几净起来，再加上销售人员诚挚热情，让该产品往日的美好形象又重新树立起来，人们又开始纷纷订购他们的产品。

我们每天面对的都是相同的工作，平凡而又简单，难免会觉得单调而又枯燥。但是，把每一件简单的事做好就是不简单，把平凡的事一千遍、一万遍地做好就是不平凡。成功的人像小杨一样，他们会用心做好手上的每一件事情，在积累平凡的过程中积累卓越。

好员工告诉你的经验

简单的事往往最难做，难就难在没有抓住问题的关键。越是看起来简单的事情，其关键之处隐藏得越深。只有抓住了关键，我们才能真正地把小事做好做到位，问题便迎刃而解了。

5

精益求精，追求卓越

【考虑到细节、注重细节的人，不仅会认真对待工作，将小事做细，而且还会在做事的细节中寻找机会，从而使自己走上成功之路。】

在西方，有一首这样的民谣：

少了一个铁钉，丢了一只马掌。
少了一只马掌，丢了一匹战马。
少了一匹战马，丢了一位统帅。
少了一位统帅，败了一场战争。
败了一场战争，丢了一个国家。

马蹄铁上一个钉子，本来只是一件再小不过的细节，但环环相扣却成了一件关乎国家存亡的大事。

这也告诉我们，要想有完美的结果，就不要忽视细节，要把细节做到位。无数的细节支撑起许多举世闻名的企业，像微软、麦当劳、沃尔玛等企业的管理者，靠着对无数细节的关注，让他们连同企业在世人的心目中立于不败之地。

麦当劳对每一个流程的细节包括炸薯条、制作牛肉汉堡等都进行了详细量化，其中有一条规定：牛肉饼烤出来 20 分钟后不能卖掉就必须丢掉。这就是对细节的注重。

"服务"是服务业的生命。沃尔玛对每一个细节都有精确的规定。在"服务"上，沃尔玛遵从三项基本原则。一是尊重个人原则：尊重和服务每一个顾客，并努力做到最好；二是三米法则：当顾客距离任何一名员工三米以内时，该员工一定要主动问候；三是夕阳西下原则：任何顾客或员工提出的要求都必须在夕阳西下前获得反馈。

除此以外，沃尔玛还非常注重顾客的每一个"细节"。山姆·沃尔顿

说过，要做零售，就要让自己看到每一件商品进出的财务记录和分析数据。因此，沃尔玛利用通讯卫星服务每一个客户，并对每一个商业数据进行认真记录、分析。在全球4000多家分店内沃尔玛都安装了卫星接收器，消费者在任何一家店内交易时，客户的年龄、住址、邮编、购物品牌、数量、规格、消费总额等数据都记录在案，并送到企业信息动态分析系统。沃尔玛的配送中心管理、商品管理、财务管理、客户管理、员工服务管理组成了其信息网络管理系统。

更加严格的是，沃尔玛还非常注重公司内部的每一"细节"，极力降低经营成本，以更大的优惠回报顾客。例如，当沃尔玛的员工想喝咖啡时，必须自觉地在旁边的储钱罐里放进10美分。这就是沃尔玛的管理。

看不到细节，或者不把细节当回事的人，对工作缺乏精益求精态度的人，对工作只能是敷衍了事。而考虑到细节、注重细节的人，不仅认真对待工作，将小事做细，而且注重在做事的细节中找到机会，从而使自己走上成功之路。

台湾首富王永庆16岁时，来到嘉义开了一家米店。那时，小小的嘉义已有近30家米店，竞争非常激烈。当时仅有200元资金的王永庆，只能在一条偏僻的巷子里承租一个很小的铺面。他的米店开办最晚，规模最小，更谈不上什么知名度了，几乎没有任何优势。

这天下午，一位步履蹒跚的老阿婆来到了店里要买十斤米，王永庆赶快从米缸中称了十斤米装到了老阿婆的米袋子里，说："阿婆，这是十斤米，您拿好了。"

阿婆接过米袋子后，叹口气说"唉，这米真难淘啊，里面的小石子好多哩！每次淘米我淘了五六遍还淘不净呢！"淘米虽然很简单，连小孩子都会做，可却是个磨人的活，平时洗米做饭的主妇最不喜欢做的就是淘米了。

王永庆听她这么一说，一个灵光闪过，脑子里突然多了个念头，他说："阿婆，您要不急着回去，就坐在这里，我帮你先把砂石挑拣一下吧！"

"哎呀，老板，那多不好，还是不麻烦您了！"阿婆赶紧推辞，这么多米店，哪听说过老板给挑砂石的啊！

“没事的，我干活快，你就坐在那里等着好了。”说完，王永庆把两个弟弟也叫来，三个人一齐动手，一点一点地将夹杂在米里的秕糠、砂石之类的杂物拣了出来。又重新称了一下，才给老人家：“阿婆，这回您回去淘米就省事多了，只需要洗一洗就可以了！”

“好啊，好啊！老板，你们真是太好了，以后我就到你家来买米了！”老阿婆看着袋子里洁白干净的米笑得都合不拢嘴了。

“阿婆，天色不早了，我帮您把米送回去吧，您老背着也怪重的！”王永庆说着就把米袋子扛到了自己的肩上。

“哎哟，那怎么好啊，老板，这怎么行啊……”老阿婆想今天怎么遇到这么好的人呢。

“没事的，这点米对我来说，不算什么！”王永庆背起米袋子大步走出了门。

到了阿婆家，王永庆说：“阿婆，您家米缸在哪？我给你装到米缸里！”

“真是好孩子啊，谢谢你了啊！”阿婆又是一连串地感谢，把王永庆带到了米缸前。

王永庆刚要把袋子里的米倒进去，突然看到缸底残留的米还有不少，于是，他没有倒米，而是把缸里的米倒在另一个袋子里，然后再把新米倒进缸里，最后把缸底倒出来的陈米铺在了新米的上面。

“阿婆，这个米不能压在缸底下，不然时间久了会坏的，您先把这些米吃了，下面的新米肯定没问题！”王永庆一切都做完了之后，嘱咐老人家。

“对对，哎哟，你这个年轻人想得真周到！”老阿婆感动得都不知道该说什么好了。对老年人来说，你帮她省钱比帮她省力更让她觉得贴心。

“阿婆，您家几口人啊？大约多久买一次米？以后如果您老不方便，您告诉我什么时候，需要多少米，到日子我就给您送来吧！”

“哎，真是太好了，老板，我以后哪也不去，就在你们家买

米！”老阿婆用最郑重的承诺表达了对王永庆的满意和感动。

从此以后，王永庆把挑米、送米、盛出米缸里的陈米，为顾客按时送米这一套“程序”用在了所有顾客身上，尤其对老年顾客更是体贴周到。

王永庆这一精细的服务令顾客深受感动，也赢得了很多的顾客，使嘉义人都知道在米市马路尽头的巷子里，有一家米店卖没有砂石的米，并送货上门。就这样，王永庆的生意日渐红火起来，他后来问鼎台湾首富的事业也是从这里开始的。

王永庆因重视并完善细节，把简单的小事变成了竞争的优势，使顾客成了自己的忠实客户，同时也为自己事业的进一步发展壮大，奠定了基础。

有一句格言说：“只因准备不足，才导致失败。”这句话可以作为无数失败者的墓志铭，有些人虽然肯努力、肯牺牲，但由于对工作中的细节没有很好地把握，往往不能把工作做到位，便始终也实现不了其成功的梦想。

不论做什么事，我们都应该精益求精，把每一个细节都做到位。在现在这个社会，“不拘小节”的人越来越不受企业的欢迎，更无法获得成就大事的机会。只有那些对自己负责、做事情一丝不苟的人，才会受到命运的嘉奖。忽略细节的人，总会和完美、卓越擦肩而过，而重视细节的人，则会成就于细节。

好员工告诉你的经验

很多员工总觉得只要大方向上没有做错，事情就不会出现多大的差错，自己就是一个合格的员工。其实不然，很多事情错就错在细节，而失败也是因为细节。

6

把认真培养成做事的习惯

【无论是企业的生存发展，还是员工在职业生涯中自我价值的实现，都要求认真、认真、再认真，来不得半点敷衍和糊弄。】

有一位师父，他收的徒弟第一天进门，就安排徒弟做例行功课——扫地。过了段时间，徒弟来禀报，地扫好了。

师父问："扫干净了？"

徒弟回答："扫干净了。"

师父不放心，再问："真的扫干净了？"

徒弟想想，肯定地回答："真的扫干净了。"

这时，师父会沉下脸，说："好了，你可以回家了。"

徒弟很奇怪，怎么刚来就让回家，不收我了？师父摆摆手，徒弟只好走人。不明白这师父怎么也不去查验查验就不要自己了。

原来，这位师父事先在屋子角落处悄悄丢下了几枚铜板，看徒弟能不能在扫地时发现。而那些心浮气躁，或偷奸耍滑的人，都只会做表面文章，是不会认认真真地去扫那些角落处的。因此，也不会捡到铜板交给师父。师父正是这样"看破"了徒弟。

现实生活中，有很多员工就像那位徒弟，对手头工作敷衍了事，以至于难以得到较好的发展。

为什么有些人做事总是免不了犯各种错误呢？究其原因，或是由于观察得不仔细，或是由于思考得不缜密，或是因为缺少足够的理智，或是因为行动的粗劣。总之，一句话，就是缺乏认真的态度。

职场中认真的人往往会被看做是死板，其实你不知道的是，正因为这份死板使得很多人都成功了。

大海是一家公司老板的司机，他初中毕业之后便去学了车。随后就来到了这家公司给老板开车。他一干就是三年，大海从来没有因为自己的事情而耽误老板的行程，无论是刮风还是下雨他都是随叫随到，平时老板开会的时候，他就会看书学习，他发誓要把自己落下的知识都补回来，他还经常向老板请教一些业务上的问题，老板见他这么有上进心，平时开会都带着他，让他听听别人是怎么说的，怎么工作的，时间久了，大海学到了很多实用的知识。

有一次，老板因为公司的销售业务有所下降而苦恼，他就和大海说出了自己的烦心事，大海听完，利用回去休息的时间，就根据公司的现况做出了一个销售计划。第二天，他把这份计划交到了老板的手中。老板看后很是惊讶，因为这份计划做得很完美，通过这么多年的观察老板也发现大海是个可塑之才，觉得让他开一辈子车有些屈才，于是就把大海调到了销售部做销售部经理的助手，刚开始的时候大家都很不服气，认为自己都是有文凭的人凭什么要听一个司机的话呀。在这期间，大海什么都不多说，就只是认真地工作，在他的带动下，公司的销售业绩果然出现了变化。销售业绩上去了，大家对他的看法也转变了，老板便把大海直接提升为销售部的经理。

大海虽然取得了傲人的成绩，但是他没有因此而骄傲过，他觉得自己的路还很长，他还是一如既往地认真对待自己的工作，要求自己把它做得更好。

一位伟人说："世界上怕就怕'认真'二字。"无论是企业的生存发展，还是个人职业生涯中自我价值的实现，都要求认真、认真、再认真，来不得半点敷衍和糊弄。

很多企业的倒闭，很多事业的半途而废，都是由于大家觉得"没必要太认真"，很多才华横溢、能力超群的人总觉得自己"没必要太认真"，对什么事都只肯使出三分力气，只求过得去就可以了，因此总是与机遇擦肩而过，碌碌无为地度过了一生。

凡是想成功的人，必须培养认真的做事习惯，杜绝1%的错误，以细节的完美战胜一切竞争对手。不过，认真不仅是一句口号、一种精神、一种态度,更是一种能力!

一个外贸公司的女孩曾经很苦恼地说:“我自己也不知道为什么,每一回征订单上都有错误,总是到了确认时才发现‘不好,还有些地方不妥,我得改一下’。我也很希望把工作做好,一次就完全正确,不要总出错误,麻烦别人。可是每次做完总是看不出问题来,而过后才会恍然大悟一样发现错误,然后就是到处跟人家说好话,求人家给机会改过来。其实,我真的很难受,真的不愿意麻烦别人,可就是做不到没有错误。”

你或许也有着像上面那个女孩一样的苦恼,总是在工作完成后才发现错误。那么,怎样才能避免这样的事情再次发生呢?除了更为认真地面对工作外,你别无选择。

好员工告诉你的经验

成功者和失败者的分水岭就是,成功者无论做什么事,都不会轻率疏忽,都力求达到最佳境地;而失败者无论做什么事,都会敷衍了事,只求差不多就行了。

第八章　懂得协助:个人的成功不是真正成功

好员工是乐于协作、善于协作的员工。因为他们明白,没有全能的个人,只有完美的团队,个人的成功不是真正的成功,团队的成功才是真正的成功。因此,作为一名员工,只有积极地融入到团队之中,营造和谐的工作环境,才能把个人的力量发挥到最大,并最终和团队一起取得优异的成绩。

1 积极融入团队，营造和谐的工作环境

【作为一名员工，只有积极融入到团队之中，营造和谐的工作环境，才能把个人的力量发挥到最大，并最终和团队一起取得优异的成绩。】

作为一名员工，只有把自己融入到团队之中，共造和谐的工作环境，才能把个人的力量发挥到最大，并最终和团队一起取得优异的成绩。然而，在现实工作中，有的员工不善于合作，不愿意融入团队，他们自以为实力强，凭借个人的能力，就可以搞定一切，这样的员工不但做不好工作，还会破坏原本和谐的工作环境。

张小龙是一家保险公司的业务员，他所在的项目部在主管的带领下一次又一次地取得不错的成绩。其中很关键的一点就是部门中成员的合作精神十分出众，不管是什么项目大家都会一起讨论，一起出谋划策，直到拿出一个最佳的方案。也就是因为如此，这个部门每一个人的业务成绩都特别突出，深受老板的关注。但是，好景不长，项目部一直以来的这种和谐而融洽的合作氛围却被张小龙破坏了。这是怎么回事呢？

原来，公司的高层把一个重要的项目交给张小龙所在的部门，主管和手下的人反复斟酌考虑，犹豫不决，一直没有拿出一个可行的工作方案。张小龙看在眼里急在心里，因为他认为自己对这个项目有八九成的把握，凭自己能力没问题。为了表现自己，取得公司高层的青睐，他没有与主管商量，更没有贡献出自己的方案，而是越过主管，直接向总经理说明自己愿意承担这项任务,并提出了可行性方案。

他的这种做法严重伤害了部门主管,也引起了同事的不满。当总经理安排他与部门主管共同执行这一项目时,两个人在工作上不能达成一致意见,产生了重大的分歧,导致了团队内部出现分裂,合作精神涣散了,项目最终也在他们手中流产,给公司造成了无法弥补的损失。

每一个员工都应该明白,只有把自己很好地和团队融为一体,加强与同事间的合作,做一个能够担当责任、彼此合作的好搭档,才能共同创造出优异的业绩。

那么,作为一名员工,如何才能更好地融入团队,和大家团结合作,营创和谐的工作环境呢?

(1)善于看到他人之长

美国著名的心理学家荣格有个公式是这样的:I+We=Fully。这个公式的意思就是:一个人只有把自己融入到集体中,才能最大程度地实现个人价值,完善自己的人生。你首先应该明白,任何成绩的取得都是与他人协作的结果,不管你所处的是一个软件开发团队,还是销售团队,都是如此。在这种情况下,我们只有融入团队才会实现自我业绩的突破。而融入团队的前提就是要看到他人的长处,欣赏他人的优点,尤其是当大家努力为你创造了这种良好的协作氛围之后,你更应该善于从中学习到别人的长处。

表面上看起来这似乎很容易,但实际上让每个人从内心深处欣赏他人并不容易。很多时候,我们更容易去关注别人的短处和缺点,而对他人的优点却视而不见。显然,这种行为会阻碍我们融入团队。因此,要想融入团队,我们就必须抛弃这种不太适宜的行为和思想,要学习去了解他人的长处并加以赞美,而非揪住缺点不放。在团队中,每个人都会有长处和短处,只关注缺点很容易导致团队成员间的矛盾,从而破坏团队成员间的和谐关系,影响团队合作。只有采用欣赏的态度,对于他人的长处予以赞美,对于他人的缺点以诚恳的态度私下交谈,这样才能更好地体现出团队精神。

(2)放低姿态,和别人站在同一线上

职场之上,高低无所不在,而职场人要做的就是磨灭这些高低不平,将自己放在和别人同一位置之上，甚至还可以把自己放在比别人更低的位置之上。这样做的目的就是不招致别人的嫉妒和打击。特别是在自己有“得意”之处时，更应该注意这一点，无论是在言行上，还是在其他方面，都要做到低调、低调、再低调。

除此之外，还要做到谦逊，适时和同事取得沟通，并且在沟通的过程中有意识地暴露一些对自己无伤大雅的短处。这样就能满足别人的自尊心和虚荣心，消除别人的嫉妒心和小人之心。

(3)要看清自己的位置

曾经，一个男孩询问迪斯尼公司的创办人华特·迪斯尼：“你画米老鼠吗？”

“不，不是我。”华特·迪斯尼说。

“那么你负责想所有的笑话和故事吗？”

“没有。我不做这些。”

最后，男孩追问：“迪斯尼先生，你到底都做些什么啊？”

华特·迪斯尼笑了笑回答：“有时我把自己当做一只小蜜蜂，从制片厂的一边飞到另一边，给每个人打打气。我想，可能这就是我的工作。”

华特·迪斯尼先生对自己在团队中的位置非常清楚——自己在团队中处于核心地位，自己最重要的工作就是激励团队成员不断努力的工作。一个好的团队就像一部设计精密的机器，每个成员都有自己独特的定位，都有自己最主要的工作。只有每一位团队成员都认清了自己的位置，明白了自己的主要任务，团队这部机器才能正常运转。若对自己的位置认识不清，看不清工作的重点，团队就会一团糟。因此，在加入一个团队之后，应该做的第一件事不是翻阅文件、承接任务，而是要去给自己一个很好定位，找准自己的位置。

(3)提升自己的能力

一个团队的成长依赖于其内部所有成员的共同努力和不断进步，而个体的成员在实现自身进步的时候应尽力与团队的发展步调保持一致，这样才能融入团队，促进团队的成长。

划过船的人都有过这样的体会，只有大家保持统一的节奏向前划的时候，船才能以最快的速度向前行进。如果其中有一个人划船与其他人的节奏不合拍,那么整条船的行进速度就会受到影响。

同样,企业也需要所有员工节奏一致,只有这样,才能保持企业之舟快速前进,不断发展。如果有一个人跟不上这个节奏,就会妨碍企业的整个进程。

要想跟得上时代的步伐和公司的发展,就必须不断提升自己的能力和业务素质,而不能得过且过。只有时刻提升自己的各项能力,实现与公司的同步发展,你才能融入团队,团队才能赋予你相应的使命,你才能实现个人的成长。

(4)认同团队的使命

团队精神是一种心灵的力量,它来自于团队成员对于使命的认同。不管任何事情,人们只有认同其使命才会产生奋斗的激情,才会有工作的动力。因此,具有团队精神的前提就是对团队使命的认同。如果无法认同团队使命,不管有怎样丰厚的薪水激励或有怎样严厉的惩罚,也不会激发起人们的工作激情,更不会对团队产生向心力和凝聚力,融入团队了。

如果你想融入到一个团队中,实现个人和团队的很好地成长,以上几点是很重要的。只要把这几点做好,你就可以很轻松地融入团队,和团队中的其他成员一起协作了。

好员工会主动与大家一起共同营造一种协作的氛围,在这种氛围中,开拓性思维不断涌现,自身的潜能得以充分发挥,从而使自己获得了更广阔的发展空间。

好员工告诉你的经验

如今的社会,任何一个公司都不可能由一个人去完成所有的工作任务,员工与员工之间必须紧密配合,团结一致,这样才能有更高的工作效率并取得更好的业绩。

2

善于沟通，实现最佳协作

【只有进行充分的沟通，才能做到有效地分工协作，才能把大家的力量形成合力。否则的话，团队成员只管低头拉车，各走各的路，永远也不会形成团队合力。】

要想与别人形成很好的合作关系，就必须善于沟通，让对方知道自己的想法，才能避免误会，携手达到1+1>2的效果。

2004年雅典奥运会上，李婷与孙甜甜在网球女双决赛中，以2:0力克世界名将西班牙选手帕斯奎尔和马丁内斯，历史性地夺得中国网球奥运史上首枚金牌。大家看到的往往是她们的成绩。其实，在取得辉煌成绩之前，这两个小姑娘之间可不是那么和谐。

曾经，在赛场上，她俩因为一句话而产生隔阂，甚至影响到比赛的发挥。2003年美国网球公开赛时，李婷说："不要紧张，放开打。"孙甜甜回了一句说："我没有紧张。"可是，场上的气氛反而更加紧张起来，结果，她们首轮便败下阵来，接着又在另3项比赛中首轮就惨遭淘汰。

对于那一次比赛，两个小姑娘失败的最主要的原因就是没有进行有效沟通。对于李婷安慰鼓励的一句话，孙甜甜心里想得太多，李婷也没有再进一步对孙甜甜说出自己真正的想法，导致两个人在赛场上互相猜疑，配合不到位，吃了败仗。

后来，她们在教练的指导下及时沟通，开诚布公地表明自己的意见和想法，加深了彼此间的了解和信任，才促使这对组合日渐强大起来。

在2004年雅典奥运会上，第一轮比赛，李婷和孙甜甜就对

阵大威和鲁宾。想到自己是种子选手里最弱的一对,抽到的是种子里最强的一对,李婷和孙甜甜觉得她们非常倒霉,胜的机会很少。但最后她们不但打败了这对世界强手,还一路过关斩将,把普遍认为将是西班牙选手手到擒来的金牌也夺到了手。后来,记者采访李婷和孙甜甜时,她们只是笑着说:“我们沟通到位了,配合得非常完美。”

从这两位年轻的“黑马”身上,我们看到了一股潜力,一种来自沟通的潜力。沟通到位了,就能实现完美协作,战胜对手。

可见,有效沟通是通往完美协作的基础。沟通对于整个团队工作效能的提升十分重要。如果员工之间处于一种无序和不协调的状态,双方互相推诿责任以致使各种力量被相互抵消,“既然我做不成,那么我也不让你做成”,这样既消耗了别人的实力,也消耗了自己的实力。

只有进行充分的沟通,才能分工协作,才能把大家的力量形成合力。否则的话,团队成员只管低头拉车,各走各的路,永远也不会形成团队合力,也就无所谓效益,甚至有可能产生负面的作用。

那么,如何才能有效沟通,实现最佳协作呢?现在我们就来分析一下那些人际关系处理得很成功的高手们的经验。

(1)远离流言蜚语

“他为什么总是和我作对”、“他总是和我抬杠,不知道我哪里得罪他了”……办公室里常常会飘出这样的流言蜚语。作为一个成熟的职业人,你应该知道这些流言蜚语是职场中的“软刀子”,是一种杀伤性和破坏性极强的武器,会造成对受害人心理的伤害。经常搬弄是非,会让其他同事对你产生一种避之唯恐不及的感觉,如果到了这种地步,相信你在这个公司的日子就不会好过了,因为你的同事不会将任何事与你分享了,他们会对你总是处处提防。

(2)聊天或询问适可而止

闲暇时间同事们在一起闲聊是一件很正常的事情。而许多人就是在闲聊这件事中让别人更加讨厌他从而疏远他,例如有些男同事在闲聊时,总是炫耀自己的知识面广,其实这些自诩什么都知道的人往往并没有什么能力,这一点大家都不愿意戳穿,只是心照不宣罢了。还有一些人总喜欢打破砂锅地追问,什么事都要打听,别人已经不愿意多说了,他还是穷追不舍，如果长久这样下去，同事们都会有意无意地避开你的。因此，在任何场合下的闲聊，都不应求事事明白，而是要做到问话适可而止，这样同事们才会乐意接纳你。

(3)赞美鼓励

能够看到同事身上的优点，并及时给予赞美、肯定；对一些不足，给予积极的鼓励，这是培养双方融洽关系的基础。关于这一点，职场人一定要记住：可以在背后赞美你的同事，但是不要在背后议论你的同事。如果你能这样去做，就一定会让同事喜欢上你，并让你们之间的关系变得更好，更融洽。

(4)善于倾听

善于倾听是培养良好人际关系的重要因素。当同事心情不愉快时，他向你倾诉，你一定要认真倾听，成为他真诚的倾听者，这样会加深你与同事之间的情感。当然，下次你有什么事情要求对方帮忙的时候，事情就好办多了。

(5)巧用语言

不要忘记语言在融洽你和同事之间关系上所发挥出的重要作用，语言至关重要，所以，在语言的选择上，应该以不伤害他人为原则，要用友善的、鼓励性的、幽默的语言等。

好员工告诉你的经验

在一个集体中，员工之间必须做到密切配合，才会让整个团队所向披靡。做到有效配合的前提就是员工之间要进行充分有效沟通。

3

宽容谅解,维护良好的人际关系

【宽容是人生的一种智慧,是建立人与人之间良好关系的法宝。】

在职场中会碰到各种各样的人,每个人都有自己独特的个性,要想团结合作,出色地完成工作,必须学会与他们打交道。如果在与同事的交往中,你能秉持一颗宽容的心,那么就能比较容易维护良好的人际关系,为自我创造更为轻松的工作环境,从而实现最佳的合作。

有的人认为同事之间是相互竞争,相互对立的。固然对于公司职员来说,晋升、加薪几乎是每个人追求的目标,但是好运往往只会落到那些业绩出色的员工头上,因此竞争是必不可少的了。但是这并不意味着同事之间就是"你死我活"、"有我无你"的关系,并且竞争也不是意味着"两败俱伤"和"同归于尽"。

今天的竞争应该是互相促进、互相补充,强调能力的平衡与协调。所以身为公司中的一员,我们有义务自觉地创造这种竞争环境,落实到每个人的身上就是要严格要求自己,学会宽容谅解积极主动去帮助同事,在能力上取胜。

丽莎和詹妮一同进入现在的电力工程公司工作,在工作中她们不相上下。丽莎是董事长的女儿,詹妮则是单枪匹马地应聘到公司工作的,因此领导自然比较关照丽莎,而詹妮并没有因此而表现消极。在工作中,詹妮经常与丽莎相互协作,攻克工作中的难题,两人总是配合得非常默契,丽莎也很愿意同詹妮在一组工作。在完成11万伏高压输电线路安装过程中,两个人晚上一起看图纸,安排工序,白天拼命工作,最后她们把预定工期提前了三分之一,因此受到领导的表扬。

曾经有朋友劝詹妮:"丽莎本来就有关系,现在你帮她的忙等于毁了自己的升迁之路。"詹妮却说:"我不这么认为,我从心底佩服丽莎的能力和人品,丽莎虽然是董事长的女儿,但她靠的是自己的能力,公司有几个人能够进行11万伏的带电作业,丽莎不就是一个吗?再说了,如果我自己没有能力,即使领导不看重丽莎,好事同样也不会落到我身上。"

通过相互之间的配合,丽莎和詹妮的工作都取得了很大的成绩,董事长通过丽莎也认识了詹妮,认为两个人的能力都很突出,于是在丽莎被提升为安装工程部经理之后,詹妮理所当然地被提升为副经理。

与自己的同事争个你死我活其实并没有多大的意义,大家在同一个公司里工作,总会有打交道的时候,人无完人,你也总有有失误需要别人帮助的时候,所以与其与别人争强好胜,不如放低姿态,多协助别人,试着让自己宽容地去理解别人,赢得良好的人际关系。

理解、包容自己的对手,看淡结果的得与失,你的心会因这份平和而充满宁静与宽容。这样,在面对你的竞争对手的时候,你也可以微笑着迎接挑战,胜利了,赢得辉煌;失败了,同样美丽。这世界本来就已经太累人了,再让自己去斤斤计较于与别人的竞争利益得失,自己的心态就更不会平静了,只要自己能做到工作认真负责、人际关系和谐,无愧于心,那么你就更不必与别人斤斤计较了,你已用自己的行动证明了你自己本身就是最好的。

在工作中,我们如果想跟同事融洽的相处,具体来说,需要注意下面这些内容:

(1)乐于帮助别人

乐于帮助别人是融洽与同事关系的必要条件,也是人际关系中的关键因素。乐于助人的同事,人们都愿意与其交往,因为他们本身就产生了一种吸引力、向心力,利于合作共事。要记住一条真理:帮助别人就是帮助自己。我们只有不断地付出,才能不断增进同事对我们的好感,那么,培养起我们和他们之间融洽的关系也就顺利多了。

(2)少争多让

虽然说同事之间有竞争,但是这种竞争应该是良性的,没有必要争得不可罢休。换个角度来说,你帮助同事获得荣誉,不仅对方会感谢你,而且还能增添你的人格魅力。远离钩心斗角,否则,只能是双方都受到伤害,这对你用行动与同事进行融洽相处没有任何好处。

(3)多替别人着想

如果你和同事之间发生误解和争执,一定要换个角度,站在对方的立场上为对方想想,理解对方的处境,千万不能情绪化。否则只会使你们之间的关系陷入困境,而不会有任何正面的帮助。替别人着想最直接的表现就是当别人遇到困难时,伸出援助之手,给予帮助。良好的人际关系是双向互利的,你给别人种种关心和帮助后,当你遇到困难的时候也会得到相应回报。

(4)容忍异己

容许每个人有自己独立的思维和行为方式,不要妄图改变任何人。听不得不同意见,对于融洽相处来说是有害的。

(5)低调处理纠纷

在工作中,我们总会因为一些小事与同事产生一些小矛盾,这是很正常的事情。关键是我们应该如何处理这些矛盾?这需要一定的技巧。尽量不要让你们之间的矛盾公之于众,也没必要非要和同事做个了断,分个胜负。如果你不能这样处理,就算不是你的错,同事们也会产生同情弱者的心情,反而会让你被孤立起来。此外,被你攻击的那个同事,将会对你怀恨在心,这个人成为了你职业生涯中的一个不折不扣的"敌人"。最好的做法就是私底下处理,大事化小,小事化了。

好员工告诉你的经验

一个有宽容之心的人必定是一个很有气度,很有人格魅力的人,如果你能把你的宽容之心带入职场,那么这种好品质会把你推向一定的高度。

4

不争名利，为团队添砖加瓦

【作为公司的员工，不是不图名，而是不图虚名；不是不图利，而是图利有道；不是不为名利，而是不去争名夺利，不取无名之利。】

在职场中，有些员工虽然不缺乏足够的工作热情，也有基本的企业利益立场，但却缺乏起码的团结协作精神。工作中，一遇到复杂的工作，需要部门内部或部门之间进行深入探讨、沟通协作时，却躲躲闪闪，争功诿过，伤害别人的积极性，尤其在涉及自身的利益时，更是斤斤计较，不惜争取。对于名利，好员工认为，应采取无所谓的态度，因为只有团队取得了好的成绩才是真正的好成绩。

小青和苏苏在同一家单位上班，由于两个人的性格相投，有很多共同语言，所以时间长了，她们就成了无话不谈的好姐们。工作上，她们相互帮助，有什么困难，一起想办法解决，是单位里最优秀的两名职员。在生活上，她们也是形影不离，一起上下班，一起逛街，一起吃饭。

然而就是这样一对情同姐妹的同事，却因为一件事反目成仇了。

事情是这样的：他们部门的经理因为业务需要被调到了总公司，这个职位就一直空着。鉴于小青和苏苏的优秀表现，上级准备从她们中选一位来担任部门经理一职。

从一个普通职员一跃成为部门经理，这是很多人连想都不敢想的。随着职位的升迁，不但薪水可以翻倍地增加，平时工作也没有那么琐碎和累了，并且还可以直接和上级打交道，可以说前途无量。

面对名利，苏苏没有经得起诱惑。为了打败竞争对手，她不

顾多年的情谊,竟然设计"陷害"小青。在小青负责的策划案上,苏苏趁小青不注意,偷偷改了几个数据,结果使得公司损失不小,小青失去了上级领导的信任。

这下,苏苏成了领导眼里的最佳人选,跟领导走得很近,经常陪领导出去应酬。小青后来得知,原来是自己的好姐妹把自己搞得这么惨,从此对苏苏怀恨在心。于是,她常常在同事面前说小青的坏话,比如小青和某某的关系暧昧,她本身没什么能力,就是凭着漂亮脸蛋和领导套近乎……渐渐地,同事们对苏苏也敬而远之了。

时间长了,上级领导对此事多少也有些耳闻,为了避免职员之间矛盾的激化,于是从总公司调来一个人当部门经理。至此,小青和苏苏没什么可争的了,"战争"也就结束了。但是,此后,她们之间再也没有像以前一样互相帮助,而是成了"仇人",见了面都不打招呼。这给她们的工作带来了不良的影响,也破坏了部门内的和谐氛围。

如果说企业是一个家庭,同事便是这个家庭的成员;如果说企业是一支军队,同事便是并肩战斗的战友。家庭成员不和睦,日子就别想过得安稳;战友之间不团结,必然会削弱部队的战斗力。

营造一种积极健康的团结氛围,使各个成员之间互相支持不争权、互相信任不猜疑、互相尊重不发难、互相补台不拆台、互相配合不推诿,才能形成一个坚强的、卓有成效的集体。

人活着什么时候也离不开"名利"二字,名是政治和精神的体现,利是经济的支撑。作为公司一名好员工,不是不图名,而是不图虚名;不是不图利,而是取财有道,不取无名之利;不是不为名利,而是不去争名夺利。

为此,每一名员工应该努力做到以下几点:

(1)不与同事争利争功

作为一名员工,在工作中理应以组织事业为重,把"我"字放在一边,不和同事争荣,不与同事争利。要像尊重自己一样尊重同事,始终保持善良友好的心态,更多强调集体成果,努力营造各尽所能、各得其所、和谐相处的团队环境,让身边的所有同事都能有所作为、有所收获、有所成长,并能激发他们的干劲,全身心投入到为创造美好明天而勤奋、愉快的工作中。

认识到同事的重要性是每位团队优秀的成员的基本要点，适当强调同事的主体意识和能动作用，能让同事感知到被尊重。只有这样，别人才会发自内心地愿意和你共事，愿意为你排忧解难，共谋发展。我们才能够充分组合起每个员工工作的积极性、主动性和创造性，把工作成绩放大。

作为一名好员工，凡事要能设身处地为别人着想，要换位思考，见“好事”（荣誉、职位、利益、培训学习、出国旅游等）就让，见“难事”（募捐、工作上的困难等）要上，就会得到大家的拥护和爱戴。

好员工不会斤斤计较个人得失和争功诿过，有谅人之短、补人之过、助人为乐、见功就让的高尚风格，善用一种对待同事开放、包容、接纳和关怀的方式与同级相处，懂得组织的成功、事业的发展和目标的达成不是哪一个人的功劳，而是团队的智慧、力量和努力，是集体智慧和协同作战的结晶，对组织取得的业绩看得比个人的荣誉和地位更重要，也能够克服和战胜“红眼病、嫉妒心”。

(2)不与上级争名

好员工应耐得住寂寞，树立正确的名位观。古人说过：“不汲汲于富贵，不戚戚于贫贱。”我们在对待名誉、地位的问题上，一定要想得透一些，看得淡一些，要把自己摆在合适的位置上，不要左攀右比，斤斤计较。应把握两点：不争名、不图名。

“不争名”就是坚持做到“三个不伸手”，即不伸手要荣誉，不伸手要官，不伸手要位。有的人对组织排名，分管什么，表扬了谁等等，看得很重，那是没有必要的。“不图名”，也是要注意“三条”：不掠人之美，不贪功为己有；不图虚名，不搞形式主义；不图假名，讲真话，讲实话，实事求是。

对于一个组织整体而言，我们都要维护组织的正常秩序，明白上级的职责是做出正确决策，下级的任务是有效执行决策，把工作做好，以达到组织制定的目标。

(3)与同事共享成功

私心人人都有，这并没有什么不好。但是，如果把私心建立在团队的成绩之上，据大家成绩为己有，一定不会被大家接受。大家的成绩一定要由大家分享，这不仅是团队精神和合作精神，也是公平和公正的体现。

好员工懂得敛藏私心，知道和大家一起分享成功。当老板宣布他被提升或者受到奖励的时候,往往都非常谦虚;在享受荣誉的时候,他绝对不会忘了感谢那些和自己一起努力或者曾经帮助过自己的人,让所有曾经参与的人都分享这一荣誉和喜悦。这样的员工,大家往往乐于看到他的成功,当他获得成功的时候往往得到的是赞许和掌声。

好员工告诉你的经验

我们不是生活在真空里,在利益上常常也和一些人发生冲突和摩擦。我们应采取无所谓的态度,想想跟团队共同的成绩相比,一切名利所得都是苍白无力的,神马都是浮云。

5 互相帮助,与同事一同成长进步

【为了某个目标大家走到了一起,进入同一个部门,只有像互相咬合的齿轮紧紧靠在一起,互相帮助,齐心协力,才能共同发挥作用。】

没有团队的成功就没有个人的成功,只有同事间团结协作,相互配合,才能营造成功的团队和优秀的自我。纵观那些失败了的,或者正在走向失败的团队,他们除了能力等方面的因素欠缺之外,还有一个非常重要的因素:团队成员之间不配合,甚至相互拆台、相互竞争,甚至引起内讧。出现这种情况,不仅对公司、对团队无益,对自己同样没有任何好处。“皮之不存,毛将焉附”说的就是这个道理。

菁菁最近从一名普通的客户部员工一下子升到客户部经理的位置,她的升迁不仅没有遭到同事的嫉妒和排挤,反而得到了支持与拥护,似乎在同事的心目中,菁菁做经理是他们所希望的,也是理所当然的事情。

为什么菁菁如此受到同事的拥护呢？事情还得从菁菁三年前进入这个公司说起。刚开始进入这个公司的时候，菁菁和多数的年轻人一样，有干劲、有理想、骨子里还有点清高、特立独行，总是喜欢一个人做事情。即便是从事一个大的项目，她也很少寻求同事的帮忙。当然，她也不会主动去配合同事的工作。

在那段时间里，菁菁一直在抱怨工作太累、客户不好伺候、同事感情淡漠……

就这样几个月的时间过去了，别的同事都在相互配合中轻轻松松地做了好几个大项目，而唯独只有菁菁似乎还在一个人单打独斗，并且做得还很累。在一个季度的总结大会上，老板对菁菁进行了批评，并且开导她要善于和同事配合。

面对自己的成绩，菁菁也发现了问题所在，她意识到再这样下去，问题可能会更严重。最终她听从了老板的建议，主动与同事接触，有事没事总和同事一起探讨工作或者生活中的事……她做梦都想不到，在第二个季度中，她的业绩是前一个季度的两倍，而且一点都不觉得累。

这下菁菁明白了"配合"的重要性了，在以后的工作当中，这方面就做得更好了。现在的菁菁无论是在内部工作上，还是在对待客户上，都能以"配合意识"来要求自己。因为她知道，配合同事，自己也受益。

职场之上的进退往往都和你的同事、团队成员联系在一起。你和同事、团队的关系就好比乘客和交通工具的关系一样。同事进则自己进；团队进则自己进。这也就意味着你配合同事就等于帮自己的忙。

那么，在日常工作中，员工之间应该如何做呢？

(1)积极与同事合作

任何一位员工的利益都是和他人捆绑在一起的，很多事情也只有在相互合作中才能完成；不合作的结果往往是他不能得到，你也不能得到。

有两个饥饿的人得到了一位长者的恩赐：一根鱼竿和一条鲜活硕大的鱼。其中，一个人要了一条鱼，另一个人要了一根鱼竿，于是他们分道扬镳。得到鱼的人原地就用干柴搭起篝火煮起了鱼，他狼吞虎咽，还没有品出鲜鱼的味道，就连鱼带汤吃了

个精光,没过多久,他便吃完了那篓鱼并饿死在空空的鱼篓旁。另一个人则提着鱼竿继续忍饥挨饿,一步步艰难地向海边走去,然而令人遗憾的是,他虽然看到了不远处那片蔚蓝色的海洋,但最后一点力气也使完了,只能眼巴巴地带着无尽的遗憾撒手人间。

工作需要合作,同时工作也要求合作。没有人是可以独立活在这个世界上的,只有相互合作才能获得最大的利益,以保证自己生存价值的最大实现。

(2)乐于资源共享

在职场中,唯有实现资源共享,形成合力才能取得良好的效果。倘若大家都是以自我为中心,埋头各做各的事,到最后谁也不会有大的收获。只有扬长避短、资源共享、互相帮助,才能共同发展进步。

柯龙是一位果农,经过精心研究,他培育出一种皮薄、肉厚、汁甜而少虫害的新果子。收获季节,引来不少果贩抢购,使柯龙发了大财,增加了不少财富。

当地不少人羡慕他的成功,也想借用他的种子,柯龙认为物以稀为贵,其他人也种这种果子会影响自己的生意,所以全部拒绝了,其他人没有办法,只好到别处去买种子。可是到了第二年果熟季节时,柯龙的果子质量大大下降了.果贩们也都摇头不买他的果子。柯龙伤透了脑筋,只好降价处理。

柯龙想弄清楚产生这种现象的原因,于是来到城里找专家咨询。专家告诉他,由于附近都种了老品种果子,唯有他的是改良品种,所以,开花时经蜜蜂、蝴蝶和风的传媒,他的品种和老品种杂交了,当然他的果子就变质了。“那可怎么办?”柯龙急切地问。“那还不好办?只要把你的好品种分给大家共同来种,不就行了。”

柯龙立即照专家的说法办了。大家都收到了好果子,个个都喜笑颜开。

(3)从老同事那里吸取经验

那些比你先来的同事,相对来说会比你积累了更多的经验,有机会时你不妨聆听他们的见解,从他们的成败得失里寻找可以借鉴的地方,这样不仅可以帮助你自己少走弯路，更会让他们感到被尊重。尤其是那些资历比你深，但其他方面比你弱一些的同事，会有更多的感动，而那些能力强的同事，则会认为你善于进取，便会乐于关照并提携你。

我们也常常会看到这样的反例，有些人能力强，可在单位里，自视甚高，不买那些老同事的账，弄得老同事很反感。但是你要知道，这些老同事虽说能力没有你强，但是他们的根基远比你要深厚，如果不能得到他们的支持，你真的很难在这儿有多大的发展。

(4)对新同事提供善意的帮助

新到的同事对手头的工作还不熟悉，当然很想得到指点，但是心有怯意，不好意思向人请教，这时，你最好主动去关心帮助他们，在他们最需要得到帮助之时，伸出援助之手，往往会让他们铭记终生，打心眼里深深地感激你，并且会在今后的工作中更主动地配合和帮助你。你切不可自以为是，把新同事不放在眼里，在工作中不尊重他们的意见，甚至斥责，这些态度都会伤害对方，从而对你产生恶感。

总之，在一个公司里，员工如果像大雁一样，遇到困难时，互帮互助，共同抵抗；危难关头时，首先想到的是同伴的安全，结果会怎样呢？答案是毋庸置疑的，不仅整个公司会成功，每个员工的能力也都会得到提升。

好员工告诉你的经验

一棵树，无论它怎样伟岸、粗壮和挺拔，也成不了一片森林；一块石头，无论它怎样大，也成不了一道城墙。只有与别人携手共进，分享共赢，你才能得到更多。

第九章　动脑做事:积极寻找更好的工作方法

工作中,做事不动脑筋,只是机械地听命,死板地执行,就算再怎么勤奋、努力、苦干也难有大的成就。好员工告诉我们,要得到更好的发展,在工作中,做事不仅要勤于动手,更要善于动脑,不能只是死板地执行命令,而是应该积极主动地寻求更好的工作方法。

1 带着思考去工作

【工作不仅仅只是简单地执行老板的指令，还必须用眼睛去发现问题，用大脑去思考问题，去学习东西。】

成功者都是善于思考的人。石油大王洛克菲勒曾经一再地告诫他的职员："请你们不要忘记了思考，就像不要忘了吃饭一样。"如果你想成为好员工，获得老板青睐，就必须学会思考，带着思考去工作。

在职场，我们常常看到这样一种员工：表达意见的唯一根据就是自己第一时间的判断和感受，是自己独立而有个性的思想。不管什么问题他们都会提出独特的见解来。而另一种员工呢？他们的意见总是跟着大家走，和大家一样，或者是永远和老板一样。当问到他们时，他们总会说"我没有什么意见"，永远都是这样的一句话，永远没有自己独立的思想，就像一个不会思考的木头人。

还有一种员工更绝，他们有头脑，会思考，但却永远不会提出任何与老板或上级意见相反的意见，永远是上级或老板的"应声虫"。他们深谙职场逢迎之道，懂得如何哄上司高兴，但却完全失去了自我。当然，对工作，他们也绝不会有任何建设性的意见，只有附和老板时，他们才愿意开口。

好员工思想独立、个性鲜明，服从领导，但他们在任何时候都保有自己独特的见解，带着自己的思想工作，不是机械地听命或是被动地服从，他们会用脑子工作，会手脑并用，边做边想、边想边做，不管什么样的难题都可以找到解决的方法，而且还会找到最好的解决方法。

在日本,有一家企业专门生产圆珠笔,由于圆珠笔芯中的油墨总是在没有使用完的时候,笔芯上的圆珠就坏了,销路一直不是很好。企业的领导清晰地意识到,如果不能很好地解决这一问题,企业将难以得到更好的发展。然而让他们感到为难的是:他们找来了许多专家来对笔芯中的圆珠质量进行攻关,但是却没能取得任何实际的效果。如果采用新的材料,虽然质量会大幅提高,但成本也会激升,消费者无法承受。到底该怎么办呢?企业的领导陷入到前所未有的困境中。令他们没有想到的是,这一难题却被一位工人成功地解决了。他想的办法很简单:就是把笔杆截去一段,这样话,没等"圆珠"报废,油已用完了。

虽然这个办法简单得不可思议,但却是解决问题的最好办法。

企业中像这样敢于思考而且善于思考的员工并不多。很多员工都抱着一种机械听命,然后完成任务的态度。他们得过且过,根本不用脑子,不去思考,所以工作也永远没有改进,没有起色。也就永远只是普通的一员,难以有所成就。

我们常常看到这样一个情况:很多员工早上到了公司就开始埋头苦干,直到下班,别人休息的时候他也还在工作。怎么按照常理,这类员工的业绩肯定差不了,但事实是他们的业绩往往却并不理想。为什么?因为他们不懂得思考,不会去寻找解决问题的巧妙途径。

认真做事只能把事情做对,用心思考做事才能把事情做得更好。用心工作,带着思想工作,全身心地投入到工作中,多动脑筋,多想办法,不附和不盲从,诚实而正直,这就是好员工为我们作出的榜样。

好员工告诉你的经验

笛卡尔说:"人是能思考的芦苇。"作为一名员工,养成经常思考的习惯,从思考中获得创新的动力,就能用不断地创新敲开优秀的大门。

2

敢于尝试，打破原有经验的束缚

【经验只能是昨天的成就，只有那些敢于突破它的人，才有可能获得新的成功和创造更卓越的成就。】

一般来说，通过实践活动，特别是通过长时间的实践活动所取得和积累的经验，有一定启发指导意义，是值得重视和借鉴的，它有助于人们在后来的实践活动中更好地认识事物、处理问题。但也不能不认识到，不少经验只是某些表面现象的初步归纳，具有较大的偶然性。有的貌似根据和理由充分，实际上却片面、偏颇；有的只是适用于某一范围、某一时期，在另一范围、另一时期则并不适宜。因此，不可让过去的经验成为我们创新思考的障碍物和绊脚石。

许多年前，有一家酒店电梯不够用，打算增加一部。于是请来了工程师和建筑师，研究如何增设新的电梯。专家一致认为，最好的办法就是每层楼打个大洞，直接安装新的电梯。方案确定下来之后，当他们在谈论如何实施时，恰好被一位正在扫地的清洁工听见了。

清洁工对他们说："如果这样的话，肯定会弄得到处尘土飞扬，整个酒店都变得一团糟。"

其中一位工程师瞥了清洁工一眼，说："这是在所难免的，难道你有更好的办法吗？"

"如果我是你们，就会把电梯装在楼外面。"清洁工说。

清洁工说完话后，在场的所有专家相视了片刻，不约而同地为清洁工这一想法叫好。他们采用了清洁工的建议，于是便有了近代史上的伟大变革——把电梯装在楼外。

在很多的时候，我们总会被一些原来的经验和观念所束缚，以至于难以找到更好地方法去解决问题。事例中的那些专家就是因为受到原有观念的束缚,认为电梯必须装在屋内而限制了思维,没想到电梯装在屋外会有更好的效果。

人类的发展和社会的进步,以及个人的巨大成功,都是以突破和创新为基点的。可以这样说,经验只能是昨天的成就,只有那些敢于突破它的人,才有可能获得新的成功和创造更卓越的成就。

现今,当我们走进商店时,都能看到瓶装的乌龙茶等饮料。那么,你知道这种瓶装的茶饮料是怎么出现的吗?

他就是日本伊藤园茶叶公司的老板本庄正则。在出现瓶装的乌龙茶饮料之前,人们一直以来都是使用开水冲沏而饮用,也就是因为如此,涉足茶叶公司的主要业务就是收购与销售茶叶,很少会有人想过将茶叶制成饮品出售。这无疑限制了茶叶公司的发展。

在在20世纪60年代中期,本庄正则开始涉足茶叶流通业,并购买了一个古老的茶叶商号——伊藤园,把它作为自己公司的名称。在他的努力下,伊藤园发展成茶叶流通业第一大公司。随后,他便投资兴建了茶叶加工厂,把公司的业务从销售扩大到加工。1977年,伊藤园开始试销中国乌龙茶,并在短时间内获得畅销。但到了20世纪80年代,乌龙茶的销售达到了最高峰并开始出现“降温”倾向。

在这种情况下,本庄正则必须思变,否则事业将遭受沉重的打击。乌龙茶不好销了,茶叶的新商机在哪里呢?这个时候,他萌生了开发瓶装茶的创意。当他将自己的想法说出来后,却遭到了当时的技术人员的反对。因为在那个时候,人们受到一个传统观念的影响,那就是茶必须用热水泡,而大家喝的也是热茶。

本庄正则最终还是说服了技术人员,技术人员也着手开始研究开发瓶装的茶饮料。然而一个技术上的难题再一次出现在他们的面前,那就是茶水长时期放置会发生氧化、变质现象,不再适宜饮用。现在该怎么办呢?本庄正则没有放弃,花重金聘请了科研人员来研究防止茶水氧化的课题。时隔一年,防止氧化的难题解决了，本庄正则当机立断开发瓶装乌龙茶。

在讨论这项计划时，12 名公司董事有 10 名表示反对。他们仍然难以从传统的观念走出来，认为凉茶水装瓶出售是违反常识的。然而，长期销售茶叶的经验告诉本庄正则，每到盛夏季节，茶叶销量就会剧减，而各种清凉饮料的销量则剧增。他坚信，如果在夏季推出易拉瓶乌龙茶清凉饮料，一定会大有市场。在本庄正则的坚持下，伊藤园开发的易拉瓶乌龙茶清凉饮料于 1988 年夏季首次上市，并大受消费者欢迎。乌龙茶销售又再现高潮，经久不衰，直到今天。

只要在传统上有所突破，抓住它，你就能成功。这也说明了，突破传统对于一个成功者来说是非常关键的，但它只垂青那些勤于思考和善于观察的人。

很多传统观念和做法，不仅它们的产生有客观基础，它们得以长期存在和广泛流传，也往往有其自身的根据和理由。一般来说，它们是前人的经验总结和智慧积累，值得后人继承、珍视和借鉴。但我们不能不注意和警惕：它们有可能妨碍和束缚我们的创新思考。

好员工在工作中善于动脑，勤于思考，敢想敢做敢突破，不被传统经验束缚。

好员工告诉你的经验

作为一名员工，你必须敢于超越经验和专业知识限制去考虑问题，从而才能用更好的方法去解决问题。

3

换一种思维,找到更好的方法

【很多时候,只要我们敢于突破思维定式,敢于向新的、不同的方向多走一步,就会发现另一片天地。】

有一个这样的故事:

有一天,小孙子从幼儿园放学回家跟爷爷说:"每个苹果里面都有一颗小小的星星。"

爷爷说:"这没有什么奇怪啊!我们每次吃完苹果最后剩下来的核,不就是苹果的心吗?"

小孙子立即反对说:"我说的星星不是剩下的核!人家是说苹果里面有一颗小星星。"

爷爷想了想,正色地说:"你不要胡说啊!苹果里怎么可能会有星星呢?"

小孙子说:"是真的!苹果里真的有一颗星星啦!"

最后爷爷问小孙子:"那你能不能把苹果里的星星找出来给爷爷看一下呢?"

小孙子说:"可以啊!但是您要先给我一个苹果和一把刀才行啊!"

爷爷一面为小孙子准备,一面叮咛:"要小心刀子哦!"

小孙子一面回答,一面则把苹果横放在桌面上举刀就要切。

爷爷看了,忍不住说:"不能这样切,苹果不是这样切的!"立即把苹果抢过来,重新直立在桌上,然后告诉小孙子:"切苹果要从上往下切才对!"

小孙子说:"你让人家照人家的方法切好不好嘛!"

小孙子把苹果横放好,然后举刀朝着中央横切下去,苹果被分成了头尾两半，而切开后的苹果中的五粒种子，恰好整齐地在这两半的中央构成了一颗美丽的星星。爷爷看着星星，顿时呆了，没有想到的是自己吃了一辈子的苹果，直到今天才知道苹果里面竟然还有这么漂亮的一颗星星！

很多时候，只要我们能换一种思维，去突破思维的定式，敢于向新的、不同的方向多走一步，也许就会发现另一片天地。就像切苹果一样，如果不去换种切法，就永远不可能看到苹果里面美丽的星星图案。

其实，在工作中，我们如果遇到难题一时之间难以解决，在这个时候我们换一种思维去思考的话，或许会找到更好的方法。

科克在母亲的肚子里时从亚美尼亚移居美国。由于有着操着一口怪怪的亚美尼亚式英语，科克上学后被老师和同学嘲笑了8年。终于有一天，小家伙忍无可忍地在校长面前甩出一份“退学申请”，自谋生路去了。

刚开始他跟着打拳击的哥哥“讨生活”。33赛28胜的成绩，让他在洛杉矶地下赛场赢得名气；接着他报名参加一个飞行员训练班，不仅成功地通过飞行员考试，还得到飞行训练员的执照，并“改邪归正”，投身英国皇家空军。到二战时期，科克已经升到“上尉”的头衔。

美国空军将大部分搁置夏威夷的战机，以1万——10万美元的“出血价”贱卖给军人。科克倾囊而出，也只够买一架飞机和装满一半引擎的燃油。

开着这架满身枪眼，随时可能因为机油耗尽而栽倒在大海里的“老爷飞机”，科克来到了加州的一家小航空公司，并说服航空公司的老板高价买下飞机，改装成豪华私人包机。

一来一回做了几趟“倒爷”，让科克一下子就赚够了本，他买下洛杉矶航空公司当老板。懒得和大公司竞争，科克“拍脑袋”，想出了一个“独门生意”——专门负责秘密“运输”好莱坞的名人们去拉斯维加斯结婚或离婚，100美元一次。

去赌城结婚的名人们，口袋里揣着大把的现金，却总在拉斯维加斯找不到地方花。玩笑中，他们建议科克投资地产业，将拉斯维加斯建设成一个巨大的娱乐中心！

这句玩笑话真被科克听进去了！1967年他花了1300万美元，买下拉斯维加斯市中心的几块黄金地皮，建设自己的超豪华宾馆，并且把赌桌和剧院搬到了宾馆里面，美其名曰“宾馆赌潮”。1969年6月，当时世界上最大的娱乐场所，梦一般金碧辉煌的“世界宾馆”在科克6000万美元的堆砌下，向各地的赌客张开了双臂。

口袋里装满了赌客的钱后，科克又瞄准电影业巨头——米高梅，一举买下整个电影公司，纳入自己麾下，并且以“米高梅”命名新的赌城和娱乐中心。他看中的是“米高梅”的品牌价值。他把“米高梅”的雄狮标志贴到大饭店、飞机以及赌城拉斯维加斯的主题公园上时，“米高梅”与电影早已渐行渐远。但科克确实靠“米高梅”的品牌赚到了大把钞票。

经营了17年后，科克就将“米高梅”转手卖给另一位美国大亨泰德·特纳，大赚一笔。巧的是特纳很快遭遇财政危机，科克借机又收回了大部分股权，几乎等于高价卖出又低价收回！后来“米高梅”几经转手，直到1996年，科尔第三次购买“米高梅”，几年后又以48亿美元的高价卖给“索尼”，此时他已经是美国西海岸数一数二的巨富。

试想一下，如果科克不是三番五次的变化，他可能仍是一位在街头卖艺的乞丐，如果他不能及时地调整自己做事方法，可能仍是一位按月领取薪金的飞机驾驶员。在工作时亦是如此。我们只有不断地调整自己的做事方法，才能更快更好地达到想要的结果。

有一个人，前些年下海经商，做过许多大生意，却没赚到什么钱，后来经营餐巾纸生意，想不到生意出奇好，厂子越做越大，其产品销量都覆盖到了邻近的好几个省。

近几年生意竞争加剧，利润下降，厂子已到了举步维艰的地步。有许多的小厂想到降低成本，以维持生计，可是成本降了，质量也就下去了。这是他不愿看到的，因为这样做无疑是饮鸩止渴。

感到困惑不已的他向一位培训界的朋友求助。在闲聊中，培训界的朋友说到了餐巾纸上有一种小广告，一般是为哪家餐馆定做的就会免费加印此类广告。

这位听后，脑子里面灵光一闪，想到了化解厂子的好方法。回去后，他研究了餐巾纸下方的小广告，在为店家无偿印制的同时，添进去一些商业广告，这样就能在不增加成本的同时，获得更多的利润，解决了成本高的难题。

果然，他的厂子因此而起死回生。

从上面叙述的之中，我们进一步知道了，要想将工作做好，除了认真的工作态度之外，还需要学会适时地变化。唯有如此，我们才能灵活机动地更好将事做好。

好员工告诉你的经验

很多时候只从一个角度去想问题，很可能百思不得其解，如果能换一种思维，倒过来想想，问题就可能迎刃而解。

4

勤于思考，方法总比问题多

【方法是想出来的，只有想办法才会找到解决问题的方法。不去想，方法是永远不会主动来找你的。】

在我们周围，你肯定会经常听到这样的声音：

“确实是没办法！”

“这件事真是一点办法也没有！”

“算了吧，没有办法解决！”

一句“没办法”，也许是我们能找到的不做的最好理由，但也正是“没办法”，妨碍了我们前进的步伐。

真的是没办法吗?还是我们根本没有去好好动脑筋想办法呢?

“只要精神不滑坡,方法总比问题多”这条横幅醒目地贴在一家车间内。他们为什么把横幅悬挂在车间最显眼的地方呢?这里有一个故事:

很多年前,在内蒙古一个偏僻、贫困的小村庄里,有一位普普通通的年轻人。有一次,家人生了病,要给家人看病,可家里穷没有钱,根本请不起医生。怎么办呢?无奈之下,年轻人只好向乡亲邻居借2元钱给家人看病,然而走遍了整个村子,也没有借到钱。原来不是乡亲们不愿意借,而是因为他们实在太穷了,也没有钱。

这件事对年轻人刺激很大。他觉得,再这样在村里待下去,自己是毫无前途的。于是,在19岁那年,他带着6个窝窝头,骑着一辆破自行车,到80公里外的城里去谋生。

城里的工作本来就不好找,加上他高中都没有毕业,要找一份好工作更是难上加难。

他好不容易在建筑工地上找到了一份打杂的小工。一天的工钱是17元,对他而言只够吃饭,但他还是想尽办法每天省下1元钱接济家人。

尽管生活十分艰难,但他还是不断对自己说:“绝对不会永远是这样的。”他渴望出人头地,为此,他下决心付出比别人更多的努力。2个月后,他被提升为材料员,工资涨了1元钱。

靠比别人多付出,他初步站稳了脚跟。之后,他就开始重视方法。他认为:要在新单位站稳脚跟,就得得到大家更多的认可,甚至成为单位不可缺少的人。那么,怎样才能做到这点呢?

冥思苦想之后,他终于想到了一个小点子:工地的生活十分枯燥,他想,能不能让大家的业余生活过得丰富一点呢?想到这点,他拿出自己省下来的一点钱,买了《三国演义》、《水浒传》等名著,认真阅读后,讲给大家听。这样一来,晚饭后的时间,总是大家最开心的时刻。每天工友们开心的笑声,都是对他的极大奖赏。

更没有想到的是,一天,老板来工地检查工作,发现了他有非常好的口才,于是决定将他提升为公关业务员。

一个小点子付诸行动后就能有这样的效果，他极受鼓舞。于是，他便将主动找方法的特长，运用到各个方面。

对工地上的所有问题，他都抱着一种主人公的积极心态去处理。夜班工友有随地小便的习惯，怎么说都没有用，他想尽办法让大家文明上厕；一个工友性格暴躁，喝酒后与承包方要拼命，他想办法平息矛盾，做到使各方都满意。

别看这些都是小事，但领导都看在眼里。慢慢的，他成了领导的左膀右臂。

由于他经常主动找方法，他等来了一个创业的良机。

有一天，工地领导告诉他，公司本来承包了一个工程，但由于这样那样的原因，难度太大，决定放弃。

作为一个凡事都爱想方法的人，他力劝领导别放弃。领导见他充满热情，突然说了一句话："这个项目我没有把握做好。如果你看得准，可以由你牵头来做，我可以给你提供帮助。"

他几乎不敢相信自己的耳朵：这不是给自己提供了一个可以自行创业的绝好机会吗？他毫不犹豫地接下了这个项目，然后信心百倍地干了起来。

但遇到的困难是可想而知的，光要盖的公章就有17个，但他还是想尽办法，一个个都盖下来了，终于项目如期完成了。他掘到了人生的第一桶金。在他进城5周年的时候，他算了一下自己的家产，已经有整整300万元。

这位年轻人尝到了用不懈的进取精神和不断想办法解决难题的益处，从此更加努力。他现在不仅拥有当地最大的建筑队，还是内蒙古最大的草业经营者之一，每年有1万多户农民给他的企业提供玉米、草等饲料。拥有了很多财富的他，在贫困的故乡，建起了一个全世界最大的金霉素生产厂，其生产量占全球的1/4，很多父老乡亲跟着他走上了脱贫致富的道路。

任何策略都出自于思考，没有思考就不会找到最合适的做事方法，更不会做出引人注目的成绩。不管工作多么艰难，一个主动想办法的人，总会找到完成工作的最好办法。因为，方法总比问题多。

在国外有一位年轻人在一家专做保健品的企业工作。公司的产品不错，但知名度却很有限。公司屡屡派遣这位年轻人去做一些活动，以提高产品的知名度。他虽然很努力地工作，但始终没有取得较好的效果，以至于常常会被老板和主管批评，并给他下了最后通牒：如果情况再没有好转的话，就会辞退他。

面对这样的情况，这个年轻人快要崩溃了，他想把工作做好，可是一直没有好的办法。焦急万分的他，不由得开始抱怨起来。抱怨归抱怨，但是这个年轻人仍然在不懈地努力着，希望能够找到一个好的方法解决这一问题。

这天，他乘坐飞机前往是某地区参加一个行业内的展销会。在他踏上飞往展销会场飞机之后，竟然遇到了意想不到的劫机。幸运的是，在经过十几个小时之后，警方最终制服了歹徒，化解了劫机危机。

脱离危险的年轻人随着乘客缓缓往机舱外走去，突然，他想到在电影中经常看到的情景：当被劫机的人从机舱走出来时，总会有不少记者前来采访。他灵机一动，心想：为什么不利用这个机会宣传一下自己公司的形象呢？这不就把以前的问题都解决了。他立刻从箱子里找出一张大纸，在上面浓描重抹了一行大字："我是××公司的××，我和公司的××牌保健品安然无恙，非常感谢救我们的人！"

当他打着这样的牌子一出舱，立即就被电视台的镜头捕捉住了。他立刻成了这次劫机事件的明星，很多家新闻媒体都对他进行了采访报道。随着他的身影，他公司的名称和所生产的保健品开始为大家所熟知。

接下来的事情正如大家所预料的一样：公司的电话都快打爆了，客户的订单更是一个接一个。等他回到公司的时候，公司的老板和主管带着所有的中层领导，都站在门口夹道欢迎他。老板动情地说："没想到你在那样的情况下，首先想到的竟然是公司和产品。毫无疑问，你是最优秀的推销人员！"

可是这位青年却笑了笑说："老板您过奖了，我只不过是在合适的地方选择了正确的方法做了正确的事情而已。"

在遇到困难和出现不好的情况时，要想真正的解决它所带来的麻烦，唯一的做法便是想办法怎样去解决，而非逃避。那位年轻人就是因为遇到问题不退缩，而是积极想办法解决，才一步步走向成功的。

好员工都知道，方法总比问题多，方法是想出来的，只有想办法才会找到解决问题的方法。不去想，办法也不会来找你。只有勤于思考、善于动脑，努力想办法，才会有办法，才会最终解决难题，获得成功。

好员工告诉你的经验

任何一个有意义的构想和计划都是出自思考，我们做任何事情之前都要养成先思考的习惯，思考你的目标、做事的步骤以及最后达到一种什么效果。

5 多动脑，要巧干而不是蛮干

【在工作中，确实需要勤奋努力，但仅凭这些还是不够的。我们还要学会思考，学会想办法，学会用策略找到解决问题实质的方法。】

俗话说“天才出自勤奋”，但要明白它并不等同于勤奋。勤奋只是一个优秀人才的基本功。要真正做到优秀，还得掌握方法——蛮干不如巧干。很多时候，成功的结果源于多动脑，而不是“老黄牛”般一味低头的卖力。

同样，在工作中，虽说要勤奋努力很重要，但仅凭这些还是不够的，我们还要学会思考，学会想办法，学会用策略找到解决问题的实质方法。

通用研究发展公司的董事长克特宁先生就是这样一位喜欢思考，进行创新的人，并因此解决了汽车制造过程中诸多的问题，为企业的发展做出了重要的贡献。现在，就让我们一同来看看他当初是怎么做的。

以前的汽车在发动的时候,需要在车头转动"弓"形钢杆来发电启动,对于这种做法人们都非常头疼,因为每次熄火后又要跳下车。于是他就想:为什么不想法在驾驶台装一个电钮来发动呢?

当他将自己的想法说出来后,大家都觉得这简直是异想天开,但克特宁认为一定可行,于是他开动脑筋,最终将自己的想法变成了现实。

有一次,他在实际工作中发现,由于汽车的油漆需要一层一层漆上去,而且漆了一层后必须等干了后再上另一层漆,以至于漆一辆汽车要花 31 天。这无疑会增加汽车生产的时间成本。于是,他又在想怎么才能解决这一问题。通过不断的研究,克特宁发现一种漆在玩具上面叫景泰蓝的东西能够帮助他完成构想,然而接着他却发现这种东西没有办法用在汽车上,因为它干得实在是太快了,一喷出去,在空中就已经干了。在此状况下,克特宁没有放弃,继续努力,终于制成了一种可用的喷漆,这样一辆汽车真的只要在 1 小时之内就能够完全漆好了。

也许,有些人会认为"苦干不如巧干"是懒惰人的做法,更有些人把其指责为是投机取巧。他们的观点是:只有埋头苦干,才能多劳多得。"我每天都卖力地工作 12 个小时。"这是他们的一句经典夸耀。

夜以继日地努力工作本身并没有什么错——只要你不介意牺牲个人健康、家庭生活,以及精神成长。从这个方面来说,努力工作有其优点和好处。

是的,如果你在一小时之内完成一件事,你也可以在两小时之内完成两件类似的事情,但你每天至多能完成 12 件事,这无疑是一个不用动脑的公式。但如果你的目标是一百万件类似的事情呢? 如果你想要成功到足以让投资者、银行家们围着你团团转,你就需要用新的方式来替换"12 小时工作制"的那种埋头苦干方式。

世上绝大多数的科技发明都是发明者忍受不了日复一日、年复一年的辛苦劳作所发明的,他们认为总会有更轻松、更快捷、更便宜、更简单和更安全的法子,知道总能找到减轻工作的更好方法。

好员工告诉你的经验

方法能为人解除不便，能够让我们有更大的发展，更能给单位创造最直接的效益。哪个单位的领导，会不重视想方法帮单位解决问题的人呢？

6

拥有一颗“不安分”的心

【在工作中，每个员工都要具有随时随地进行创新的意识。创新不是等待，不是你每天坐在办公室里，等着好点子好方法主动送上门来，而是需要你展开积极的思考。】

现今，我们所处的时代是信息时代，知识更新换代很快。对企业来说，只有善于创新，才能保持快速发展和强大的竞争优势；对个人来说，创新是增强自身竞争力的有效途径。

现在职场上很多人都喜欢安于现状，认为有一份安定的工作就够了。这样的员工很难有大的作为。而好员工则不同，他有一颗不安分的心，敢于思考敢于创新，也就是因为如此，他们在工作中才有出色的表现，才能从众多竞争者中脱颖而出。

在美国某照明设备制造公司的洛杉矶营业所，曾经有一段时间在销售上出现了难题，不管他们怎么努力都难以进一步扩大销售量。为此该所的主管人非常着急，并急切地想要有所突破，于是他就采取了一个较为普遍的方法：招收更多的推销员，鼓励推销员多出去跑跑。也就是在这个时候，一名叫汤姆的年轻男子前来应聘，并成为了其中的一员。让主管意想不到的是，这个年轻人的出现，解决了他们一直未能解决的难题。

在刚刚进入公司时候,汤姆就决心要把自己的工作做到最好,他发现如果能够将产品推销到商店,就能够扩大市场,带来更好的销售量。这种工作说起来容易,但做起来却并不轻松。在商标意识相当浓厚,形成连锁经营的超级商场,想要说服人们去销售一种名气不大的公司的产品,自然不是一件容易的事,在经过了实践和苦思冥想之后,汤姆设计出一种新的营销战略:

1. 锁定几家连锁商店的特约经销处。

2. 定期巡回各家商店,拟定各种展示方法。

3. 对于连锁店的各直销店,积极展开销售工作。

这种战略在实施一段时间后,各连锁商店对于这种新的销售方式和服务相当满意,各店的销售量都有增加,所以他们对汤姆渐生好感。甚至在过去没有销售过这种产品的商店,也在同行的推荐之下开始了订货。

就是这样,采用新形式的店铺越来越多,汤姆的销售成绩也呈现直线上升的状态,没过不久,果然他一跃登上销售冠军的宝座。纽约的总公司听说了这位年轻人的事情后,甚为关注,马上就派了公司的上级主管赶到洛杉矶,进行实地调查和研究。当他在听了汤姆的说明之后,相当佩服他的创造性,于是在回到总公司之后,就马上对上级进行了推荐。不久,汤姆被调到本部,开始以宾夕法尼亚制造公司照明事业部零售主任的身份进行工作,而此时他才 25 岁。

在职场中,很多员工认为自己资质平平,认为创新是领导的事,与自己无关,这种认识是不正确的。正如杰克·韦尔奇说的:“我们每个人都有可能成为创新的人,关键是看我们有没有创新的勇气和能力。”

其实,创新并不是只有天才才有的,它是每个人都具有的潜在素质,只要善于培养,大胆施展,就能开发出来,得到发挥。创新无时不有,无处不在,创新寓于平凡之中,只要你有一双睿眸慧眼就能做到。

为满足市场需要,日本一家公司的科技人员打算设计一种新的小型自动聚焦相机,这一款相机能够根据拍摄的对象,自动测量距离,并同时让镜头作出相应的调整,自动定好焦距。可是按照当时的技术水平和条件,在相机里装进电动机以后,相机的体积就很变得巨大，重量自然而然就轻不了，而且成本也很难降下来。如果要为它再去特别设计一种专用的超小型电动机，那还不知要多少时间才能够用。为此设计人员大伤脑筋，想了很多办法都行不通，致使设计工作在很长一段时间里都裹足不前。

就在所有技术人员都为此绞尽脑汁时，一位不是学电机专业的技术人员说出了自我的想法："自动聚焦需要的动力很小，而且距离很短，为什么非要用电动机，难道就不能使用弹簧吗？"

这位技术员的大胆设想提醒了设计人员。他们就沿着这个新的思路不断进行探索和试验，没过多久，就相继设计制成了一种又一种小型和超小型的自动聚焦相机。这种相机投入市场后，立刻受到人们的欢迎，并取得了惊人的销售业绩。

在这样一个充满残酷竞争的时代，每一个员工都应该时常反思一下自己：我今天在工作中积极创新了吗？我所做的这些事情能为公司或单位带来好业绩吗？如果你的回答是肯定的，那么恭喜你，你就是一个具有创新意识的好员工，如果你能坚持长期这么做下去，相信你会得到机会的眷顾和垂青的。

但是你要明白，创新不是等待，不是你每天坐在办公室里，等着好点子好方法主动送上门来，而是需要你展开积极的思考，及时把握住社会上的各种铺天盖地而来，又消失地非常快的信息，并及时展开行动，用自己积极的行动，把创新意识实践下去，开展进行下去，这样我们就会利用积极的创新为自己的工作带来好的业绩。

好员工告诉你的经验

积极创新，不仅能给人带来好业绩，还会给人带来很多提升自我发展的机会。有人常常埋怨命运的不公平，其实不然，命运公平地垂青每一个人，只要你勇于进行创新！

第十章　注重效率：更快更好地完成工作任务

在今天这个飞速发展，一切讲究时效的时代，我们依靠什么才能在竞争激烈的环境中获得更好的生存与发展机会呢？其实，只要我们留意观察，从周围一些深受老板和上司重用、在职场中如鱼得水的好员工身上，就能得到准确的答案：注重效率，努力把工作做得更快更好，成为一个效率高手。

1

好员工都知道效率就是竞争力

【效率就是竞争力。可以毫不夸张地说:你的办事效率决定了你的人生品质,决定了你一生所能取得成就的大小。】

在今天这个飞速发展,一切讲究时效的时代,我们依靠什么才能在竞争激烈的环境中获得更好的生存与发展呢?

其实,只要留意观察,我们就可以从周围那些深受老板重用、在职场中如鱼得水的好员工身上得到准确的答案:注重效率,更好更快地完成工作。因此,效率就是竞争力。可以毫不夸张地说:你的办事效率决定了你的人生品质,决定了你一生所能取得成就的大小。

在职场中,工作效率高的好员工总是会受到老板的青睐,而那些工作拖拉、效率低下的员工,将会得到什么呢?

赵小凡和吴强在同一家公司工作,具体的职责和工作任务相同,负责该公司新产品的宣传策划。如果按着他们的实力来说,吴强要比赵小凡稍微强上那么一点点,但是令人感到疑惑的是,很多时候,吴强的策划文案总是要比赵小凡要慢,并且粗糙很多,这让策划部的领导感到有些不满。

策划部主任是吴强的校友,念在同校的情谊上,在一天中午午休的时候,他将吴强叫到了自己的办公室,问他为什么每一次都不能按时完成工作任务。吴强支支吾吾半晌都说不出一个合适的理由。策划部主任提醒吴强在以后的工作中多上一点心,一定要按时按量地把工作做好。

虽然如此,策划部主任仍然觉得有些不可思议,因为通过观察,他觉得吴强不可能会这样。就在他想着这个问题的时候,恰好又接到了一份新产品策划书需要撰写的任务,于是他便将赵小凡与吴强一同叫到办公室,让他们各自撰写一份关于这个新产品的策划书。

策划部主任偷偷地在一旁观察他们两人的举动。赵小凡和吴强在接到工作任务之后,赵小凡便开始着手准备,思考着怎么去做,更让策划部主任感到吃惊的是,赵小凡竟然将所规定的期限日期写在一张小纸片上,并且标注从现在到工作期限内的每一时段的工作目标。可是再看看吴强,漫不经心的好像并没有把工作的事情放在心上,不知道他在忙些什么,但是策划部主任敢确定的是,吴强所做的一切跟他即将要做的工作没有任何必然的联系。

时间一天天过去,策划部主任越来越明白了赵小凡与吴强之间的差距在哪儿,因为吴强仍然是一幅不慌不忙的样子,而赵小凡贴在办公桌前的那张小纸条上的过去的日期已经以画上红钩,清晰地体现了赵小凡最快能在哪一天完成工作任务。

事情的结果并没有什么令人惊奇的地方,依旧是赵小凡在规定的期限内按着要求完成了工作。而吴强呢?依旧像是前几次一样。

策划部主任真的没了办法,就在这次工作任务告一段落时,辞退了吴强。在他辞退了吴强之后,便带着好奇心询问赵小凡:“怎么你每一次都能比其他的人更好更快地完成任务呢?”

赵小凡没有过多地说什么,只是说了一句:“我只是记住了规定的日期,并且想办法在规定的期限内完成!”

在工作中,你是否发现有这样的现象:领导安排同样性质的一件事情给两位员工去做。其中的一位每天提早上班,推迟下班,连星期六、星期天都不休息,弄得身心焦虑,愁眉苦脸。但是,由于他没有达到要求,领导对他总是很不满意,甚至对他还严加批评。另外一位员工,从不需加班加点,只是每天把该做的事情都做好,每天报告给领导的都是好的进度与消息,领导对他总是笑脸相迎,经常表扬,最后将他提拔。

也许你会说,上司太偏心了。真的是这样吗?当然不是。在现在的职场中,做任何事情都讲究效率和效益,那些只知道埋头苦干,没有结果的人,越来越得不到别人的认可。

张强和郭明是校友。大学毕业后,他们俩同时进入一家公司,担任产品工艺设计员。

和许多企业一样,新进的员工薪水都比较低。于是,郭明便整天念叨:"这只能解决温饱,还让人怎么干?"愤愤不平之下,他还经常埋怨、找借口、推卸责任,在工作时间和同事"侃大山"。主管批评他,他还不服气地和主管大吵了起来。时间一天天过去,他的工作效率也越来越低。比如要他星期一早上交的方案,到了星期四下午他还迟迟拿不出来。再后来,郭明的思维模式开始发生变化了,在接到工作任务时,他首先考虑的不再是如何把工作做好,而是怎样千方百计为自己开脱。

虽然是校友,张强却与郭明大相径庭。他并没有因为待遇低而一味地抱怨、闹情绪,因为他知道这根本起不了任何作用,并坚信:机会来自于汗水,一分耕耘一分收获,只有今天的努力,才能换来明天的收获。有了这样的想法,他下车间,熟悉制作工艺、了解产品生产流程,有时候都累得头晕眼花,但他仍咬紧牙关坚持要把每一项工作做好。他的敬业、勤奋、好学,博得了上司的好感,不久,张强就被提拔为厂长助理。而同时进厂的郭明,由于总是在工作时拖拖拉拉,效率低下,在主管多次批评教育下仍然没有改正,被公司"请"了出去。

在我们这个时代,多的是"忙人"。他们每天在急急忙忙地上班,急急忙忙地说话、急急忙忙地做事,可到月底一盘算,却发现自己并没有做成几件像样的事情。他们往往以一个"忙"字作为自己努力的漂亮外衣。却没有想到,这种忙,只能是"穷忙"、"瞎忙",没有给自己和单位带来效益。

这就是效率低下的表现。在职场中,这样的员工很多,他们看起来每天都在忙碌,好像总有做不完的事情,可是真正算起来,他们并没有完成多少任务,做出多少的成果。这样效率低的员工是不会受到老板重视的,上面的案例不正说明了这个问题吗?

当你就职于一家公司的时候,要想获得老板与上司的重用,并获得晋

升的机会,是不是要比其他的同事表现得更为突出呢?而你的表现突出,又是不是主要表现在接受工作任务的时候,要比其他的同事做得更快更好呢?

在今天的这个时代,效率就是竞争力,如果你想取得良好的生存和发展,想成为老板眼里的好员工,就必须要比他人、要比以前的自己做得更快更好,让自己成为一名高效率人士,成为工作中的高手。否则的话,你就像是一枚漂浮在人生河流上的叶子,永远不能把握主动,只能随波逐流,无法打破生存困境的僵局,成就自我,获得成功。

好员工告诉你的经验

效率就是竞争力。作为一名员工,工作过程中只有提高自己的做事效率,更快更好地完成老板交代的任务,才能赢得老板的重视。

2 积极主动管理自我的时间

【员工要想提高工作效率,不应被动地被时间牵着鼻子走,而应主动地把握时间、规划时间、管理时间,让有限的时间发挥更大的效用。】

在工作中,如何才能提高工作效率,更快更好地完成任务呢?其中最重要的一点就是,管理好自己的时间。也就是说,我们要充分有效地利用好自己的时间。

一个人会不会利用时间不仅仅看他在工作时间内是不是忙个不停。有很多员工,从早到晚忙个不停,实际上他们的工作效果并不高,甚至有些还很不理想。这是为什么呢?因为他们每天都在“瞎忙”,就像是无头苍蝇一样。有效地利用时间绝对不是让你变成“无头苍蝇”,而是要求你能够高效率地利用时间,使每一分、每一秒都产生最大的效益。

很多员工正是由于对时间不够重视,不会管理自己的时间,从而在具体的工作过程中表现的不能尽如人意,因而失去了自我发展、展现自己才能的机会。而好员工会积极主动管理好自己的时间,更快更好地完成工作任务。

毫无疑问,企业中最受欢迎的员工就是这样的一些人:他们永远准时,从不忘记要办的事情;总是能够按事先计划的步骤,如期甚至提前完成工作;事事都办得很完美,总是轻松无比。他们并不具备超出常人的能力,他们仅仅是真正地懂得了时间管理的技巧与方法。

德国某家大公司的董事长克劳泽在还未一鸣惊人的时候就是一个能够有效利用时间的能手。他每天清晨6点之前准时来到办公室,先是默读15分钟关于工作的书籍,然后便全神贯注地思考本年度内必须完成的重要工作计划,以及所需采取的措施和必要的步骤,还有出现意外情况所应采取的补救措施,等等。接着他就开始考虑近一周的工作,这是一项十分重要的工作。他把本周内所要做的事情一一列在笔记本上。之后就在去餐厅与同事一起喝咖啡时,把这些考虑好的事情也就是他认为重要的事情拿出来一起商量,然后做出决定,决定之后立即执行,决不拖沓。克劳泽的时间管理法,极大地提高了自己的工作效率,为他自己以后的成功奠定了基础。

员工要想提高工作效率,不应被动地被时间牵着鼻子走,而应主动地把握时间、规划时间、管理时间,让有限的时间发挥更大的效用。

那么,怎样才能做到有效地管理时间呢?这要求我们从下面几个方面入手。

(1)有计划地利用时间

真正会利用时间的员工,不会把大量的时间花于手忙脚乱、杂乱无序的工作之中,而是将时间应用在拟订计划中。能干的员工,用很多时间去周密地考虑工作计划——确定完成工作目标的手段和方法,预定出完成目标的进程及步骤。每个工作周期都是如此操作,在动手做每件事时也要思考一番。大的目标有大的计划,中等程度的工作有中等程度的计划,小的工作则有小的计划。总之,大事小事,都要事先周密考虑。一旦考虑

出完整的计划,执行起来就很顺利。表面看来,做计划和考虑问题会占用你工作中的部分时间,但实际上,从总耗用时间量来计算,却节省了许多宝贵的时间,充分利用了每个单位的时间。

有计划地利用时间并不是要求你额外地增加工作时间。有计划地利用工作时间,关键是合理地安排最主要的工作和处理最关键的问题。这些工作和问题,只要安排得适时和得当,就会像机器的主轴带动整个机器运转,促使其他的事情按时完成。

美国的管理学家唐纳德·C.伯纳姆在他的名著《提高生产效率》中,提出了提高效率的三原则,即当你处理任何工作时必须自问:能不能取消它?能不能与别的工作合并?能不能用简便的东西代替它?这三个原则对我们管理时间来说,应该是可以借鉴的。

(2)分割时间

请先思考一下你一天的工作量。试着在笔记本上以30分钟为一个单位时间,将一天二十四小时分成四十八个单位。这样的话,那些已填入了预备要做的事情的时间便是充实的时间,不管这些事情是公事或是私事,都一样能为我们带来充实感。

然而,一天八个小时的工作时间是很难丝毫不浪费地完全利用。但是这样的时间纪录有助你发现一些事情。也许某些事情要你花八个小时来完成,或者在八个小时内你根本没有做什么重要的事情。

有时我们会感叹自己的薪资低或抱怨工作繁重,但我们是不是也应该想一想,自己上了一天的班,究竟做了什么有价值的事呢?

试着从明天开始以15～30分钟为单位,记录下自己的行动。不管是站着说话或者是上洗手间,只要是能留意到的事情都把它们记录下来。好好地感受一下这八个小时的工作时间,自己到底是怎样度过的。

与日程安排一样,可将工作的成果记录于右侧。也可以同时记下自己每一个小时的薪资(将所有收入除以时间),自己的工作价值与效率便跃然纸上。

所谓工作,是透过一定时间而完成的。如果将时间以30分钟为一单位加以利用的话,应该可以完成相当多的工作。

(3)消除浪费时间的因素

曾有专家经过调查发现,企业员工之所以感觉到时间紧张,主要就是浪费太多时间在下列三方面:打电话;开会;处理信件。很多时候,这些事情并不能提高我们的工作效率,对工作任务的完成也没有本质上的帮助。因此,我们必须尽可能地减少在这些事情上投入的时间,把时间应用到解决更重要的问题上去。

除了上述几点因素会造成让你大量损失时间之外,以下一些细节方面也同样应该引起注意 ,它们也是浪费时间的重要因素:

a. 找东西。据对美国 200 家大公司职员做的调查显示,公司职员每年都要把 6 周时间浪费在寻找乱放的东西上面,这将意味着他们每年都要损失 10%的时间。对付这个浪费时间的因素,有一条最好的解决办法就是:无用的东西清除掉,不能清除的东西分门别类保管好。

b. 懒惰。对付这个因素的办法是:使用日程安排簿;在家居之外的地方工作;立即行动。

c. 时断时续。研究发现,造成公司职员浪费时间最多的是工作中时断时续的工作方式。因为在重新投入工作中时,这位职员需要花时间调整大脑活动及注意力,才能在刚刚停顿的地方继续工作下去。

d. 一个人包打天下。提高效率的最大潜力,莫过于其他人的协助。你可以把工作委托给其他人,要求他人来协助你完成工作,这样每个人都是赢家。将部分工作委托给别人,同时也要给他们完成任务所需要的条件。

e. 偶发延误。这是最浪费时间的情况,要避免这种情况出现,唯一的办法是预先安排工作。事前有准备,利用好偶发的延误,你能把本来会失去的时间化为有用的时间。

f. 拖拖拉拉。这种人花许多时间思考要做的事,担心这个担心那个,找借口推迟行动,又为没有完成任务而悔恨。在这段时间里,其实他们本来能完成任务而且应转入下一个工作了。

工作是繁重的,时间却是有限的,时间是最宝贵的财富。不会管理自己的时间,即使计划再好,目标再高,能力再强,执行再到位,也不会产生好的结果。不懂得管理时间的员工就是最无能的员工,浪费时间就等于浪费企业的财富。要想成为一名好员工,就必须养成严格遵守时间、有效管理时间的习惯。我们要成为一名深受老板器重的员工,就必须按时完成任务,改变漠视时间的态度。

好员工告诉你的经验

时间管理是事业成功的关键。一个人能否在自己的职场生涯中取得成功,秘诀就在于搞好时间管理。

3

做好统筹规划,分清做事的主次

【如果你能分清工作中的主次,知道先做什么后做什么,就有助于你在工作当中抓住问题的关键,进行合理的排序,这样就能极大地提高你的工作效率。】

我们每一天要做的工作并不是只有一件事情,而时间又不可能因为事情的增多而增加。一名好员工,他们总是会在有限的时间内,将所要做的事情做好。他们之所以能做到这一点,秘密就是在:工作前做好统筹规划,分清楚哪些事情重要,哪些事情次重要,把重要的工作先做好。

工作中,如果我们分不清楚主次,胡子眉毛一把抓,就会极大地影响我们的工作效率。相反,如果你能分清工作中的主次,知道先做什么后做什么,就有助于你在工作当中抓住问题的关键,进行合理的排序,这样就会极大的提高你的工作效率。

有一位公司的经理去拜访卡耐基,看到他的办公桌干净整洁,什么杂乱的东西都没有就感到很惊讶。他问卡耐基说:“卡耐基先生,你没处理的信件放到哪儿呢?”卡耐基说:“我的信件都处理完了。”“那你今天没干的事情又推给谁了呢?”老板紧追着问。“我所有的事情都处理完了。”卡耐基微笑着回答。看到这位公司老板困惑的神态,卡耐基解释说:“原因很简单,我知道我所需要处理的工作有很多，但我的精力有限，一次只能处理一件事情，于是我就按照所要处理的工作的重要程度，列一个顺序表，然后就一件一件地处理。结果，完了。”

“哦，我明白了。”

几周以后，这位公司的老板请卡耐基参观其宽敞的办公室，对卡耐基说：“卡耐基先生，感谢你教给我处理事务的方法。过去，在我这宽大的办公室里，我要处理的文件、信件等等，都是堆得和小山一样，一张桌子不够，就用三张桌子。自从用了你说的法子以后，情况好多了。瞧！再也没有没处理完的事情了。”

对于看似繁琐、杂乱的工作，你要学会分类。搞清楚什么是你必须做的，什么是可以延缓去做的，也就是我们经常说的分清什么才是工作中最重要的，即要做到主次分明、统筹兼顾。

那么，如何做到从最重要最紧急的事务开始，进而提高时间的利用质量呢？最简单且有效的方法，就是设定工作的优先次序，一般可以分为以下类型：

(1)重要而紧急

重要而且紧急的事情，是指事情的重要性高，而且需要立即行动，这类事情应列为第一位。此类事情带给人们较大的压力，如领导紧急交办的工作、重要客户来访、参加一次重要的商业谈判等。

(2)重要但不紧急

重要但不紧急的事情对个人而言是很有意义的，可能是许久的盼望或长远的目标。通常这类事情挑战性高，难度也大。

(3)紧急但不重要

紧急但不重要的事情，其本身重要性不高，但因为时间的压力，需要赶快采取行动，如接电话、处理电子邮件等。

(4)不紧急也不重要。

不紧急也不重要的事情，本身没有迫切完成的压力，而且重要性不高，如给朋友打电话、陪家人逛公园、交电话费等。

通常来说，我们可以先记录每周的时间流水账，然后将每周的事情按重要性与急迫性分为上列四种类型。然后选定顺序。设定工作的优先顺序很简单，重要的是要克服这种一般人常有的心理倾向，即逃避压力，想要处理那些容易、快速完成的事情。

好员工都明白:先做最重要最紧急的事情,这是他们最佳的工作习惯。不论事情有多少,永远先做最重要最紧急的事情,坚持下去,你会在不知不觉中接近人生的大事。

但是面对每天大大小小、纷繁复杂的事情,怎么分清急缓主次呢?你可以通过下面所说的"三层过滤法"去判断。

第一,今天我应该做什么?你要让自己清楚:哪些事情今天非做不可,而且非得自己亲手做;哪些事情非做不可,但并不一定要亲自做、可以委派别人做。

第二,今天做什么可以给我最高的回报?这里有一个"80/20"的原理,就是应该用80%的时间做那些能带来最高回报的事情,而用20%的时间去做其他的事。你应该把时间和精力集中于那些能给你最高回报的事情,让你能"扬己所长"的事情,也就是符合你的"目标"的事情,或者你今天做能比其他时候做更高效的,也或许是你能比其他人做得更高效的事情。

第三,今天做什么能给你最大的满足感?那些能给你最高回报的事情,并非全都能给你最大的满足感。均衡才有和谐、满足。因此,无论你地位如何,总需要分配时间在那些令你满足和快乐的事情上,只有这样,工作才是有趣的,并易保持工作的热情。

通过以上"三层过滤",事情的主次就一目了然了;然后,再以重要性优先排序,并坚持按这个原则去做。你将会发现,再没有其他办法比按重要性办事更能高效利用时间,提高我们的工作效率了。

好员工告诉你的经验

提高时间利用的质量,就是以尽可能少的时间做尽可能多的事情,从时间中节约时间。这样做,既可以提高工作效率,又能节约成本。一个善于利用时间的员工,往往在工作上能取得比别人更大的成绩。

4 一次只做一件事

【只有当你专注于做对你最重要的事，你才能更有效地使用你的精力。当你彻底完成一件事后，再开始做下一件事你的效率才能提高。】

著名的效率提升大师博恩·崔西有一个著名的论断："一次做好一件事的人比同时涉猎多个领域的人要好得多。"富兰克林将自己一生的成就归功于"在一定时期内不遗余力地做一件事"这一信条。

一个人的精力是有限的，所以你应该先做最重要的事，依次而下。只有当你专注于做对你最重要的事，你才能更有效地使用你的精力。确实，只有当我们彻底完成一件事后，再开始做下一件事才能提高效率。

有一个员工名叫豪迈，他非常聪明，也很勤奋。他曾经在3年的时间里同时准备会计师资格考试、中文本科自学考试和律师资格考试，并且还在围棋上下了一番工夫。他也确实很聪明，几个证书都考下来了，围棋也得到了业余段位。

遗憾的是，这些和他的工作，对他的个人职业发展都没有什么关系。他粗线条的性格使他不适合从事会计师工作；他也不具备成为律师所必需的伶牙俐齿，况且他本人并不喜欢与人辩论；文学和围棋也只是他的业余爱好……更为严重的是，由于大量的精力都投入到了这些事情上，影响了他的本职工作，这一度引起老板的极大不满，甚至使他面临下岗的危险。

不仅如此，由于他太忙了，根本没时间陪女朋友，后来与女朋友也分手了。最后，他自己反省说，他的失败就在于能够做成事，但不能选择正确的，真正需要的一件事情去做。

职场中，像豪迈这样的人不在少数，他们渴望成功，恨不得一口吃个胖子，于是在工作中有些贪多，这个项目想做，那个业务也不想放弃，结果

哪件事情都做不好。而那些好员工就不同了,他也许没有做很多事情,但却能够集中全部精力专注于一件事情上。而大多数情况下,一件事情往往就足以改变我们一个人的命运。

从心理学的角度来说,专注之所以能够产生力量,主要是因为它首先符合人的思维习惯和心理特点。著名的思维研究专家,全球著名畅销书作家德·波诺曾经在自己的《六顶思考帽》中谈到过一个有趣的实验:他让实验者在大街上观察一分钟内过往某一个路口的车辆,并要求记录下这一分钟内过往车辆当中黄色汽车的数量,等到实验者观察完毕并把答案递交上来之后,他又让实验者回忆刚才经过路口的黑色汽车的数量,结果没有一个实验者能够回答上来。

这个实验说明,在大多数情况下,一个人的注意力只能集中在一件事情上,如果一定要同时思考或者是关注几件事情的话,最终很可能得不到真正准确的结果。心理学家还发现,如果一个人能够在工作的过程当中保持精力高度集中,他的心理能量就能够更加集中地投入正在进行的思维活动当中,从而使思维在特定的问题上处于最佳激活状态,最终使人脑能够高效地进行信息加工,并解决问题。

美国心理学家盖里·斯莫尔博士认为,导致人们工作结果差异的往往是这些人在工作时的注意力集中状态,而不是简单的智力因素。

这也就是说:只有专注地去做一件事,你的工作才会变得更有效率,你也更能乐于工作,而且还更容易获得成功。

1832年1月,“贝格尔”号停泊在大西洋佛得角群岛的圣地亚哥,水手们背着背包去考察海水的流向,达尔文和他的助手也出去搜集矿物标本。

一路上,达尔文把各式各样的石头敲下来放进背包,装满石头的背包非常沉重,不一会儿就累得他出了一身汗,背包带深深地勒进了他的肩膀里,但是他好像丝毫没有感觉,仍然沉浸在满载而归的喜悦之中。

路经一片树林,达尔文被一棵老树吸引住了。突然,他发现在即将要脱下的树皮上有虫子在动。此刻,他的心情就像哥伦布发现了新大陆一样兴奋。他急急忙忙剥开树皮,捉出两只奇特的甲虫,兴奋地把它们抓在手里,仔细观察。正在这时,树皮里又跳出一只甲虫。他更兴奋了，急忙把手中的一只甲虫塞进嘴里藏起来，腾出手来去捉另外一只甲虫。

看着这些奇怪的甲虫，达尔文爱不释手，竟把藏在嘴里的那只甲虫给忘记了。那只虫子在他嘴里被憋得实在受不了，就释放出一股毒辣的汁液，把他的舌头蜇得又麻又痛，这才让他从兴奋中想起嘴里的那只甲虫，连忙吐出来。后来，人们为了纪念达尔文，就把他发现的这种虫子命名为"达尔文"。

因为对生物学的执著，达尔文在研究时总是能集中精力，专心致志，这也正是他之所以能取得成功的一个很重要的原因。

不仅在大方向上要有专注精神，在平日工作中，也要贯彻专注精神，这样才能提高我们做事的效率。很多人知道自己该做什么事，却往往把自已搞得很狼狈，就是因为他们把很多事情纠缠在一起，以至于投入的时间不少，却不见成效。事实证明，一次只做一件事情，对提高效率是至关重要的。一个人要想做好一件事情，需要集中精力才可能最大限度地发挥潜能。

一个人围着一件事转，最后全世界可能都会围着他转；一个人围着全世界转，最后全世界可能都会抛弃他。这"一件事"的选择是至关重要的。当你选择好属于自己的"一件事"时，就应该全身心地投入到你要做的事上去。

当你全心全意地专注于一件事时，你的效率就会大大提高。

好员工告诉你的经验

成功的人在很大程度上都是"偏执狂"，他们如果看准了一件事，就会一直坚持干下去，不会轻易放弃也不会轻易改变方向，直到有所收获。

5

拒绝借口,立即行动

【行动是成功的秘诀,这是一句极其简单的座右铭。它告诉我们:要想成功就应当立即行动,去做你想要做的事。】

伟大的哲学家威廉·詹姆斯说:“以行动播种,收获的是习惯;以习惯播种,收获的是个性;以个性播种;收获的是命运。”习惯是你现在造成的,你可以选择习惯。我们要想提升工作效率,将工作做得更快更好,就必须养成拒绝借口,立即行动的习惯。

然而令人遗憾的是,在我们身边总会有这样的一些人,他们在工作中总是找借口,遇到麻烦事不是推说自己忙,就是推说自己病了,不来上班,或者把本来属于自己的工作推给别的同事去干。如果在工作中,你开始抱怨重重的话,那么你就要警惕了,不要说你能够高效地完成工作任务,就连基本的工作任务都难以做好。如此一来,你就会在老板心目中失去地位,变成一个多余的人。

在一家大型的机械厂里,旋车工的工作就是日复一日旋螺丝钉。王军毕业之后来到在这家工厂工作,他看着那一大堆等待他去旋的螺丝钉,满腹牢骚,心想自己干什么不好,为什么偏偏来旋螺丝钉呢?

对自己所做工作充满抱怨之情的王军,想要重新寻找一份工作,但是他到几家公司去面试过,却没有被录取。这样一来,他便只能在这家工厂待着,继续无精打采满腹抱怨地面对自己的工作。

日子一天一天过去了,由于厂子里面的经济效益出现滑坡,公司的领导层决定裁掉一部分员工,王军被第一个裁掉了。

抱怨是找借口的前奏,如果你不希望自己在职场中遭到淘汰的话,那么就赶紧摒弃抱怨这个恶习吧,这对你来说是一点好处都没有的。只有拒绝了借口，你才能在工作中尽心尽力，高效地完成工作任务。

本杰明·富兰克林曾经说过："今天可以做的事不要拖到明天。每一个工作，都需要脚踏实地的人来执行。"企业在聘用重要职位的人才时，首先考察的就是对方是否具备立即去做的能力。我们的身边，有许多自身能力不错的人，他们之所以没能得到较好的发展，就是因为缺少了这种立即动手去做的习惯。而那些我们所羡慕的成功人士，他们之所以能成功，恰恰是因为他们在面对任何事情的时候，都会立即动手去做。

沃尔特·B·皮特金是美国好莱坞著名的电影人。有一次，他在好莱坞开会时，一位年轻的支持者向他提出了一项虽然大胆却极具建设性的方案。在场的人全被吸引住了，它显然对每个人具有强大的诱惑，不过他们可以从容考虑，然后讨论，最后再决定如何去做。但是，当其他人还在研究这个方案的可行性的时候，皮特金突然把手伸向电话并立即开始向华尔街拍电报，电文热烈地陈述了这个方案。当然，拍这么长的电报所花费的一定不少，但它恰恰能转达了皮特金的信念。

出乎意料的是，一千万美元的电影投资立项就因为这个电报而拍板签约。试想一下，假如他们拖延行动，这方案极可能就在他们小心翼翼的讨论中自动流产——至少会失去它最初的光泽。然而皮特金立刻付诸行动了，并最终将其实施。

在很多的时候，我们没能立即动手去做，是害怕、担心会出现困难，会失败。我们知道，在这个世界上绝对没有不存在问题的事，如果我们以此为借口而延迟、拖沓，是永远不可能令问题消除，达到想要的结果的。

很多人总是抱怨生活不公平，抱怨自己怀才不遇，但是，我们静下心来仔细想想，很多事情其实还是公平的。别人行动，所以别人会成功。如果我们害怕困难，害怕承担责任，一定要等世上所有条件都完美后才开始行动，那么只好永远等下去了。有的人为什么一辈子都干不了一件事情，原因正在于此。相反，有的人也对自己的现状不满，但他们不是埋怨，而是积极行动起来，努力改变现状，结果他们取得了成功。

我们要想把维持生计的职业变成体现自身价值的伟大事业，除了要有远大的事业发展目标之外，还要有实现奋斗目标的努力，尽管在发展事业的实践过程中需要经历许许多多，其中不乏磨难和挫折，甚至可能会遭遇失败,但是只要我们大胆尝试过、努力奋斗,就一定会有成功的希望;如果我们始终不去努力行动,那预期中的事业目标无论多么伟大,都永远不会有成功实现的那一刻。

每个人在其一生当中都有着种种的憧憬,种种的理想和种种的计划。如果我们能够将一切的憧憬都抓住,将一切的理想都实现,使一切计划都得到有力执行,那我们在事业上的成就就会变得极其伟大,我们的生命也会变得无比充实！可是在工作过程中,人们总是因为这样那样的理由犹豫不决,长久地把一个伟大的目标停留于“计划”阶段,直到错过了使理想成真、完成伟大计划的最佳时机。现实生活中的一切都是变幻莫测的,一旦错过了最佳行动时机,那么此前制定的伟大计划可能就要永远地幻灭、消逝。

要想成为企业中表现出色的优秀员工,当我们的目标确定之后就应该要立即采取行动,千万不要因为担心或害怕失败在拖延和犹豫中任理想成为幻想。

理想的实现不能只停留在纸上,只有计划没有行动,那对于未来事业的发展根本无济于事。任何理想的实现过程肯定都会存在无数的艰难,如果不去尝试,那么所有的艰难会依然存在,而且还会因为你的犹豫和拖延而更加难以克服;当你积极尝试过之后,你的事业道路就会在你的脚下逐步展开,只要你选对方向、用对方法,同时肯坚持不懈地付出努力,那么过去你认为可怕的艰难险阻大多会被你所克服。你必须知道,每一种伟大事业的发展道路都是一条充满荆棘与磨难的道路,实现理想的过程就是一段需要你披荆斩棘的行动过程,如果你因为害怕其中的困难和艰难而不敢采取行动,那这样的人生理想就相当于空想。

记住:在人的一生当中,真正用于发展事业的时间是极其有限的,如果在职业生涯中养成了拖延、犹豫的习惯,那你将来的事业只能在蹉跎中成为泡影;如果你能积极地采取行动,那么成功的事业,发展道路将在你脚下不断得到拓展。

好员工告诉你的经验

谁都不希望自己成为一个一无所成的平庸者,如果不想平庸,那就必须放弃种种借口,克服拖延的习惯,让自己从今天做起,从现在做起,从这一刻做起。

第十一章　爱厂如家:用主人的标准来要求自己

一位管理学家说过:“作为企业的一员,首先要有‘公司是我家,发展靠大家’的思想,你只有让自己的企业不断壮大了,你的个人价值才能得以充分的体现。”好员工都是把企业当成自己的家去爱护去经营,用主人的标准来要求自己的员工。

1

好员工从来不把自己看成是打工者

【作为一名员工，如果能像老板那样对待自己的工作，就会以更高的要求来要求自己，从而做出更为优异的业绩。】

好员工从来不把自己看成打工仔，而是把自己当成公司的主人，以主人的要求来要求自己，以主人翁的心态来对待工作。也正因为如此，他们才能把工作做得更好，成为深受老板与上司器重的好员工，从而在竞争激烈的职场环境中得到不断的发展。

蔡晓峰以前是某酒店的采购部副经理。在很多人看来，一个部门副经理只需要把自己的本职工作做好就可以了，但蔡晓峰不同意这个观点。

有一次，酒店电梯的轿厢被一些不太文明的客人破坏了，影响到了酒店的形象。蔡晓峰发现后，不仅仅急忙派人对电梯进行全面维修，还利用周末休息的时间去建材市场挑选仿石地砖，从切割到铺贴，都是他自己完成的。电梯的四壁被涂划得很厉害，他又买来装饰面板，裁割粘贴。仅用两天的时间，电梯的面貌就焕然一新了。

在蔡晓峰的带动下，酒店的其他员工也纷纷行动起来。以前地毯都是外包给专业人士清洗，酒店花费很大，如今都是员工自己清洗，节约了大笔的费用。特别是在采购酒店用品时，蔡晓峰为了采购到物美价廉的东西，常常要奔走于多家商场，力争把成本控制到最低点。他还经常留意超市的促销活动，购买一些酒店日耗品,大大地节约了成本。

很多人都说蔡晓峰傻,但蔡晓峰不以为然。在他看来,酒店不仅仅是老板一个人的,也是所有员工的,如果每个人都能这样认为,那么他们酒店会越来越好。如今,蔡晓峰已是这家酒店的总经理了,因为他的表现打动了老板。让这样的人去做总经理,老板怎么不放心呢?

请记住,不要把自己当成一个打工者,凡事漠不关心,只要有薪水领就行。只要你不把自己当打工仔,而是以主人翁心态对待公司,做好自己所从事的工作,你就会在职场中慢慢成长起来,最后获得成功。

俗话说:"不要往自己喝水的井里吐痰!"在现实生活中肯定没有人会这么做,但是在工作上,在对待公司上,很多员工都在这么做:诽谤、伤害、诋毁,甚至是吃里爬外。或许这些员工早就不想在这个公司做了,或许这些员工只是为了私利,或许这些员工只是通过这种方式来抱怨老板……无论是哪一种理由,毫无疑问,这些员工每天都在这口井里喝着自己的痰。

公司是老板的,不是员工的,这没错,谁都知道。但是我们应该更加深入地思考一个问题:我们的薪水从何而来,是老板发的还是公司给?答案是公司,而不是老板。也就是说每个月是公司给你发工资,而你每个月都在伤害、诋毁它。用一个很平常的比喻:你的母亲不辞辛苦地养育了你,而你却一直在伤害她、诋毁她!这就是很多员工在做的事情,并且他们还不以为然。

以老板的心态去工作,就不能去伤害自己的公司,不能诋毁自己的工作,而是为自己能够成为这样一个公司的一员而感到光荣。即便哪天因为某种原因离开了这个公司,也应该为能在这样一个公司工作而感到光荣。对于优秀员工来说,这是一个最起码的要求,而对于普通员工来说,这似乎是一个很难迈过去的坎,这就是区别。

那么,在我们知道了不把自己当成是打工者的重要作用之后,就知道该怎么去做了,那就要求我们在工作中做到尽心尽责、追求完美。你要知道即便在这个公司当中,你发挥的仅仅是一颗螺丝钉的作用,因为有你的存在公司才会更好地运转。

曾经看过这样一个故事:

有一个公司的保洁员，在一次打扫垃圾的时候发现，垃圾箱里面有很多完整的文件资料，上面还标着很多看不懂的符号和记录，保洁员第一反应就是如果这些文件落到对手公司的手里，说不定就会给公司造成很大的损失。于是她二话没说，就拿着这些文件到了总裁办公室。

公司总裁看了这些文件之后，非常震惊：这竟然是这次销售行动最新计划的内容，而这些文件是员工开会讨论时的笔记。确实如保洁员所担心的那样，如果这些文件一旦落入对手公司手里，那么这次计划就会泡汤，损失不可估量。

于是，公司总裁在大会上表扬了这位保洁员，并且给予了物质奖励。当然，总裁也追究了这次事件的责任人。

从这个故事当中我们可以看出，同样是一个公司的职员，有的人做事情不负责任、不考虑后果；而有的人却能为公司考虑，以老板的心态去工作。也正因为如此，前者的职业路越走越窄，而后者的职业路却越走越宽。有了老板心态，你就会成为一个值得信赖的人，一个老板乐于接受的人，从而也是一个可托大事的人。那么你的成功几率就会大幅提升，那么在竞争面前，生存几率同样会大幅提升。以老板的心态去工作，与其说是为了公司、为了老板，不如说是为了自己。

好员工告诉你的经验

作为企业大家庭中的一员，不管你是否才华横溢、能力出众，只要你渴望晋升，渴望担当大任，渴望获得更为广阔的发展平台，就要以忠诚，以企业主人的态度来面对工作。

2

把公司的事当成自己的事

【只要你是公司里的一员,你就应抛开任何借口,将身心彻底融入公司,尽职尽责,处处为公司着想。倘若如此,任何一个老板都会视你为公司的支柱。】

老板与员工最大的区别就是:老板把公司的事情当做自己的事情,员工则喜欢把公司的事情当做老板的事情。在这两种不同心态的驱使下,他们工作的方式不可同日而语。老板,不用说,任何关于公司利益的事情他都会去做。但是有些员工在公司里却往往只做那些分配给他们的事情,对于其他的事情,他们往往用"那不是我的工作"、"我不负责这方面的事情"来推托。这样的员工一定融入不了公司,也永远成不了好员工。

一天下班的时候,小何和同事们收拾好东西正准备离去,老板急匆匆地抱着一大摞打印好的文件走进来,让小何他们帮着校对一下。

"老板,我跟朋友约好了下班后见面,恐怕不能帮你。"

"真是不巧,我这两天有些不舒服,要去医院打针。"

老板的话刚说完,大部分的人都找了个借口离去,只有小何主动留了下来。

那份文件虽说不算太多,但是也花费小何很长的时间,当文件校对完后,都快十点了。老板为了感谢她,想请小何吃饭。

"没什么,这都是我该做的。"小何笑着说道,离开了公司。

第二天,当同事们知道小何昨晚忙到很晚才回家后,便笑着说小何傻,公司又不是自己的,老板也不会给她加工资,何必这样呢?

对于同事们的这种说法,小何没有说什么,只是淡淡一笑。

她只是觉得那是自己应该做的。不久后,公司的人员有所变动,因小何平日的工作表现良好,被提升为办公室的主任。

任何一个老板都一样,他们都不会青睐那些只是每天8小时在公司得过且过的员工,他们渴望的是那些能够真正把公司的事情当做自己的事情来做的员工,因为这样的职工任何时候都敢作敢当,而且能够为公司积极地出谋划策。如果你想成为老板眼里的好员工,如果你真正热爱这个公司的话,你就应该把公司的事情当成自己的事情。

大多数人是从普通员工做起,在某个公司中奠定自己职业生涯的基础。只要你是公司里的一员,你就应抛开任何借口,将身心彻底融入公司,尽职尽责,处处为公司着想。倘若如此,任何一个老板都会视你为公司的支柱。

小兰是一家房地产公司的普通电脑打字员,是一个长相普通,学历也不高的女孩子。在工作期间,她处处为公司打算,甚至连打印纸都不舍得浪费一张,如果不是要紧的文件,她会把一张打印纸两面用。

一年后,公司因资金运作困难,员工工资开始告急,于是人们纷纷跳槽,最后总经理办公室的工作人员就剩下她一个。人少了,小兰的工作量也陡然加重,除了打字,还要做些接听电话、为老板整理文件的杂活儿。

那段时间,老板的意志十分消沉,没有任何的斗志。小兰见后,很是焦急,并积极地想办法以求帮助公司渡过难关。在一天的中午她走进了老板的办公室,直截了当地问:"您认为您的公司已经垮了吗?"

老板一惊,马上回答:"没有!"

"既然没有,您就不应该这样消沉。现在的情况确实不好,可很多公司都面临着同样的问题,并非只是我们一家。虽然您的2000万元砸在了工程上,成了一笔死钱,可公司并没有全死呀!我们不是还有一个公寓项目吗?只要好好做,这个项目就可以成为公司重整旗鼓的开始。"说完她拿出那个项目的策划文案。

几天后,小兰成了那个项目的负责人。2个月后,那片位置不算好的公寓竟然全部被她先期售出,小兰为公司拿到3800万元的支票,公司因此而有了起色。

以后的4年里,小兰作为公司的副总经理,帮着老板做了好几个大项目,又忙里偷闲,炒了大半年股票,为公司净赚了600万元。又过了4年,公司改成股份制,老板当了董事长,小兰则成了新公司的第一任总经理。

做船员不做乘客,把公司的事情当做自己的事去做,确实是我们每一个人能笑傲职场的不二法则,因为只有当企业拥有了良好的发展后,企业员工才能真正地实现自我的目标,体现出自我的价值。如果我们像上面事例中的张建祥那样,只想着在公司发展形势一片大好的时候,从公司捞取个人利益,在公司遇到危机的时候,转身逃避,那么,我们势必无法真正的成熟起来,更不要说实现自我的理想,体现自我的价值啦!

可是,在很多的时候,一些身在职场为企业服务的员工,却认为公司遭到淘汰,并不是他们的事,那是企业老板和投资者所应该考虑的事。他们认为公司经济效益不好,倒闭了,他们大不了重新找一家公司上班,照样能领取到薪水,如果幸运的话,说不准儿在另外一家公司所领取的薪水还要比原来的公司要高呢!

领取薪水并非是我们工作的唯一目的。我们的人生价值也并非只是所领取的那些薪水能够证明的。因为,我们所在的企业公司实际上就是我们生存和发展的平台。离开这个平台,就如演员离开了舞台,毛失去了皮,只能成为空中楼阁、水上浮萍。

由此可见,企业的命运与员工的命运息息相关,如果你真的想要在职场中获得更好的发展,那么,你就一定要记住一句话:你的优秀是因为公司的优秀,并且应当怀着一种感恩的心,去面对工作,主动地承担起自我的责任。

好员工告诉你的经验

作为一名公司员工,拿了公司的薪水,就要把公司的事当成自己的事.无论有无监督,都应当发挥主动负责的精神,尽心尽力地把公司的事情做好。

3

站在老板的角度看问题

【以老板的心态对待公司，这样，你就会成为老板的得力助手，老板也会因为你的忠诚而器重你。】

什么是老板心态呢？简单地说就是像老板一样对待企业，像老板一样考虑问题，像老板一样全心全意为企业的发展和壮大贡献自己的才智和心力。

要知道，企业是老板的，但同时也是你的，从你踏入企业的那一天起，你的前途与企业的命运就紧紧地连在了一起，企业兴你兴，企业衰你也衰，所以应该树立一种主人翁的心态，有老板一样的责任感，以繁荣企业为己任，不要诽谤它，更不要伤害它。

一次培训课上，老总给新员工讲了一个故事：

有一个新娘，她过门的头一天，在新郎家的客厅看到一只老鼠。她指向老鼠，嘲笑新郎官说："哈哈，你们家居然有老鼠啊！?"

第二天一大早，熟睡中的新郎官被一阵嘈杂声吵醒。他睡眼惺忪，一看是新娘拿着扫帚，满头大汗地追打一只大老鼠，边追打边喊着："打死你，臭老鼠，敢跑到我们家来偷东西吃！"新娘过门第一天，称呼新郎家为"你们家"，而把自己当成了外人；到了第二天，却马上改口为"我们家"，这说明新娘已经把自己当成了新家的主人，开始维护自家的利益了。这就是所谓的"过门"，跨过了门槛就是一家人。

老总绝不是在和员工讲笑话，他的用意很明确，要求新员工就像新娘过门一样，一旦踏进了公司的大门，就要立即转变角色，把自己当成公司的主人。

以老板的心态对待工作,就要像老板一样,把企业当成自己的事业,用自己的行动去履行自己对企业的忠诚和责任。在工作中,如果你对待工作能够像老板那样尽心尽力、尽职尽责,那你必定会成为公司最优秀的员工。

那么,怎样才能做到这一点呢?我们可以像下面这样做。

(1)假如我是老板,我会怎么做?

问题就是这么简单,问问你自己,如果我是老板,遇到这种问题我会怎么处理。当然,如果你的选择和老板是一样的,或者相差不大,那么你就不应该去抱怨老板了。记住,任何时候,老板也是一个人,不仅有七情六欲,而且也有自己的私心和想法。这就是心理学上的一个概念,叫做"同理心",大意就是将心比心,同样时间、地点、事件,而当事人换成自己,也就是设身处地去感受,去体谅他人。

(2)多为老板想想

"你怎样对待别人,别人就怎样对待你。"这条永恒的成功守则适合用在每一个地方。因此,我们应该凡事为他人着想,站在他人的立场上思考。当你是一名员工时,应该多考虑老板的难处,给老板多一些同情和理解。这样就能推动着整个工作环境的改善。一旦你试着待人如己、多替老板着想时,你的职场生活就开始了改变,用不了多长时间,你就会获得更大的发展和成功了。

(3)改变看问题的方式

一位老板说:"假如你曾经为他人工作,现在为自己工作,就会有体会,以前总是认为老板太苛刻,现在却觉得员工太懒惰,太缺乏主动性。其实,什么都没有改变,改变的是看待问题的方式。"因此,做员工的应该多反思自己的缺陷,多多站在老板的角度去思考,你会惊讶地发现,原来如此!

(4)反思自己的工作

如果你是老板,你肯定希望自己的员工一天比一天强、效率一天比一天高。这是人的共性,如果你很在乎这份工作,你肯定也会这么希望自己。

很可惜的是,很多人并没有这样去做,或者是不知道该如何去做。现在我来告诉你:上班之前要计划好,下班之后要反思好。计划是为了做事情有条不紊，提高效率，而反思则是总结经验教训，好则加强，坏则改之。

回顾一天的工作，扪心自问一下："我是否付出了全部精力和智慧?"以老板的心态对待公司，你就会成为一个值得信赖的人，一个老板乐于雇用的人，一个可能成为老板得力助手的人。

好员工告诉你的经验

员工有员工的累，老板更有老板的苦。我们需要做的就是做好员工的本分，然后多看看老板的难处，多理解理解老板，而不是把他当成自己的"摇钱树"。

4

为企业的发展想办法，开新路

【维持公司长久的生存和发展不仅仅是老板一个人的责任，任何一个员工都应该以公司的生存和发展为念。】

老板之不同于员工，其中一点在于老板能够时刻关注公司的生存和发展，不仅想到企业的今天，还会想到企业的明天。因此以老板的标准要求自己，不仅要求员工能够把公司的事情当做自己的事情，更要求员工能够有一个长远的目光，能够为公司的发展想办法、开新路，把公司的生存和发展作为自己的第一要务。

日本一家公司生产的贴身内衣在日本市场的占有率最高时曾经达到70%左右，经营效益相当可观。但是公司并没有满足于这一点，而是根据市场的需求，不断地开发出妇女内衣、小型内衣产品，后来又开发出妇女外装、妇女随身装饰品、妇女内装饰品、泳装、童装、西服、护身商品等等，这家公司时时都能适应市场的需求。

一家公司能够做到这些,老板必须有不断变革的眼光,公司里面的员工也应该有这种眼光和习惯,因为许多市场需求的变化是负责市场的员工最先体察到的,许多新的产品也是需要负责研发的员工去落实的,以公司的生存和发展为念,就要求员工在工作中能够不拘泥于常规,能够为公司寻找新的路子,积极地去创新。

同样,在现实中我们也经常可以看到这样的例子:某某老板或者公司的员工因为一个新的创意、一个新的发明或者一种新的管理方式而挽救一家公司。

美国一家图书公司有批滞销书长期积压,久久不能脱手,影响了公司的流动资金链,令公司陷入了极度的困境当中。销售经理再三考虑,终于有了主意。他给总统送去一本书,正在处理政务的总统怕他过多纠缠,便随口说了一句:"嗯,这是本好书。"

销售经理回公司后,便大做广告:"现有总统先生喜欢的书籍出售,欲购者从速。"于是,没用几天那批滞销书便销售一空。

不久公司又有一批书压在手中卖不出去,销售经理便又送了一本给总统。鉴于上一次的教训,总统便回了一句:"这书不怎么样。"

销售经理又做广告:"现有总统认为很糟的书出售,欲购从速。"结果书又被抢光了。

还有一个事例:

有一家旅馆的经理,对于旅馆内的一些物品经常被住宿的客人顺手牵羊感到十分头痛,可是一直拿不出很有效的对策。

刚开始,他嘱咐员工在客人到柜台结账时,要迅速派人去房内查看是否有东西不见了。结果客人只能在柜台等待,直到服务员查清之后才能结账。不但结账太慢,而且顾客觉得没有面子,下一次再也不住这个旅馆了。

一位年轻主管提议说:"既然顾客喜欢,我们就在每件东西上标价,说不定还可以额外创收呢!"

有些旅客并非蓄意偷窃,只是因为很喜欢房内的物品,加之觉得既然付了这么贵的房租,且旅馆又没明确规定哪些不能拿,于是就故意装迷糊拿走了一些小东西。

针对这一点，这家旅馆给每样东西都标上了价格，比如旅馆墙上的画、手工艺品、有当地特色的小摆饰、漂亮的桌布，甚至柔软的枕头、床罩、椅子等用品都有标价，客人如果喜欢，可以向柜台登记购买。如此一来，旅馆里里外外都被布置得十分别致，而客人对旅馆的印象也好极了。

从此，这家旅馆的生意越来越好。有许多客人向旅行社指定要住这家旅馆，因为在这里可以买到价格公道的物品，省下了买纪念品的麻烦。一年下来，旅馆最终盈余有一大部分是靠卖东西得来的。

或许你会认为这些革新都是老板的事情，只要老板确定了方向，员工跟着做不就可以了吗？实际上很多企业的创新和改革，都是老板从员工的一些建议中得来，有些技术领域的创新大部分更是依靠员工来完成，因此要想成为一名好员工，仅仅做到承担本岗位的责任还不够，还要为企业的不断发展想办法、开新路。一个公司不可能在技术和管理上都已经达到完美的程度，许多地方仍然期待着改变，而这些都依靠公司里的老板和员工来共同完成。你如果想为公司尽力的话，就应该为公司的改进多做些工作。

可惜的是，在现实中有许多员工，特别是那些已经在企业服务多年的“老”员工，在工作中往往不喜欢去尝试一些新的想法或者行动，即使他们有了一点新的想法，也懒得去付诸实践。如果公司的每个员工都这样，公司就难以得到更好的发展，员工也面临着失去工作的危险。

3M公司的一位员工阿特·佛莱是该公司唱诗班的一名成员，他用来标明赞美诗所在页数的纸条常会掉出歌本，因此他非常渴望找到一种背后有粘性的纸条，这种纸条不仅可以长久地附在纸上，且在撕下来时不留下任何痕迹。他把这个设想很快地向公司的实验室反映。3M公司是“思高牌”胶带的大本营，因此这个实验室很快就制作出一种原始模型，这就是利贴便条的前身。这种产品经过试行后投入市场，成为美国许多办公室的抢手货，一下子为这个公司赢得了两亿美元的收入。这个构思看起来足够简单，但它却只为那些对公司具有无上责任心的人准备。

艾德·阿兹特曾告诫他的员工说:“你必须想想停在原地的风险。不进则退,任何组织的衰退将危及其生存。”因此,企业中的每个员工为了不面对这种风险,都应该积极去为公司创造些什么。

其实,对于那些有闯劲,在技术或者管理领域能够提出新想法的员工,明智的老板都会大力支持,而且你只要敢于去想,敢于去做,为公司开创新路也并非如天方夜谭那般遥不可及。

好员工告诉你的经验

作为员工,你首先应该明白,为公司创新拯救的不仅仅是公司,也是你自己。亨利·福特曾说:“很多人会随着企业一起被淘汰,都是因为他们喜欢按照老规矩办事,一直无法求变。”

5 好员工善于为公司节俭

【好员工爱公司如家,不管做什么事都会想到节俭,想到省钱,千方百计地想办法、找出路,为企业省钱。】

在很多人看来,公司的资源似乎如滔滔江水一样取之不尽,用之不竭,不用白不用。所以,就出现了很常见的一些现象:照明灯昼夜不灭、饮水机永远不关、电脑全天“待命”,空调24小时服务……

其实这些浪费是完全可以避免的,并且积少成多,每天节省一点,一年下来就是一个不小的数字。有人做过这样的一个计算,如果某公司有5台空调,如果员工能做到正确使用的话,一个夏天就可为公司省去上千元的电费,规模再大点的公司省的就更多了。因此,不可不轻视节省。

好员工爱公司如家，不管做什么事都会想到节俭，想到省钱，千方百计地想办法、找出路，为企业省钱。

小杨所在的公司是上海一家汽车销售公司，作为老板的秘书，她一直表现很好。有一次，公司要参加一次大型汽车展销会，需要一批宣传资料。老板叫来小杨，请她尽快去联系印刷厂印制宣传材料。

小杨听到吩咐后决定立马去办，但突然想起了上次展销会还剩下很多宣传资料，一直放在仓库没有动，扔掉怪浪费的。

于是，小杨没有马上去执行，而是又找到了老板说："上次展会还剩下好多资料，可以用那些吗？"

老板回答："你找出来核对一下，看看内容是不是一样。"

小杨便找出资料进行核对。过了一会儿，小杨又找到老板。

"老板，我核对过了，绝大部分内容都一样，只有一个电话号码变了。"

"那就去重印吧！"经理回答道。

小杨还在想这件事，她一直都觉得可惜，这么多资料，只因为一个电话号码的改变就不能用了。重印不仅要花费一大笔钱，还要花费时间。

"难道真的没办法再用上这些资料吗？"

无意间，她看见了桌上的一份资料。这份资料是老板开会时用的，因为老板临时改变了一个数据，于是她用一个改正纸把数据改了过来。

突然，她灵机一动，那些宣传材料上的电话号码不也可以用印有新号码的不干胶纸改一下吗？只要贴得整齐，是不会影响美观的。

于是，她马上到老板办公室，向老板请示。

老板有点不放心，问："那样能行吗？"

"我仔细点，不会影响阅读的。"

"好，你去试试吧！"

两个小时后，小杨把整理好的材料给经理过目。在原先那个电话号码上，是一条不干胶，上面是一个工整的新电话号码，看起来一点也没有不协调的感觉。

老板赞扬了小杨一番,并立即开了一个小型会议。在会上,老板说:“小杨的创意非常妙,虽然节省的钱不多,但是可以看出她已经将节约当成了自己的责任,主动去想办法为公司节约,如果大家都像她那样视节约为己任,那么公司就不愁发展了。”

勤俭节约是好员工的重要特质,他们不论大事还是小事,是一大笔钱还是一分钱,绝不浪费。他们爱公司如家,花公司的钱就像花自己的一样,精打细算,“斤斤计较”。

也许有的员工认为,一张复印纸、一把订书机、几支签字笔值不了多少钱,省下来也产生不了什么效益;偶尔地打个的士、下趟馆子、住次高级宾馆没什么大惊小怪的,公司也不会因为少了这几个钱就倒下了。而好员工知道,企业经营活动是由众多小事所构成的,成本也是由众多小支出所组成的。企业只有从小事入手降低成本,才能积小利为大利,实现企业利润的增长。

也许有的员工认为:钱是公司的,再省也省不到自己的腰包里。因此,他们对企业的节俭总是抱着一种怀疑和无所谓的态度,工作中才大手大脚,浪费严重。试想一下,如果公司一直很难赢利,个人的利益又从何而来呢?好员工知道,自己的工资收益完全来自公司的收益,因此,公司的利益就是自己利益的来源,帮公司节约实际上是在为自己加薪。想方设法帮公司节约资源,那么公司一定会按比例给他报酬。也许你的报酬不会很快兑现,但是它一定会来,只不过表现的方式不同而已。

程浩是一家汽车制造厂的技术工人,主要工作是负责焊接汽车底盆的零部件。整个车间是流水作业,汽车底盘由传送带自动传送,在他这里,传送带将会停留 4 分钟,他必须在 4 分钟内用 6 根焊条焊接完所有零部件。公司的这条生产流水线是从国外引进的世界先进设备,最大的优点就是省时、省工、省料,然而程浩却认为在他这儿通过的工序上有改进的余地,于是他每天观察生产流水线的工作方式,计算焊条的用量,并思考改进焊接的办法。

有一天,在骑车下班回家的路上,小侯突然想到一个好主意:如果能将焊接点减少,是不是能节省点成本?于是,他利用业余时间认真研究，终于找到一种比原来少点击7次的焊接方式。每个汽车底盘焊点少点击7次，看上去微不足道，但一天下来仅他这一个岗位便可节约3根焊条，整个车间一天便可节约300根焊条。他将自己的想法告诉了车间主任，主任认为他的想法非常有价值，于是组织全车间进行试验，结果在减少点击7次焊点的情况下，产品质量仍然合格。于是，车间主任将小侯的新发明上报给公司。公司对小侯的技术革新非常满意，给了他很高的评价。不久，焊接部主任退休后，公司提拔小侯接替了他的位置。

工作中，若你能处处、时时帮公司节约，老板一定会看在眼里，记在心上，知道你是把自己真正看成是公司这个大家庭中的一员，你在处处为公司着想。这样，老板一定会更看重你，交给你更多的工作，随之而来的也就是薪水的增长。

我们每一位员工都应该知道，自己和企业是一个整体，休戚与共，用最小的代价把工作做好，这就是对公司最大的贡献。如果我们能够像老板一样，在工作中处处为企业着想，为公司节省每一分钱，花公司的钱就像花自己的钱一样节俭，总是能够积极地开动大脑，花最少的钱办最多的事情，那么，终有一天你会得到公司的重用，成为公司里的好员工。

好员工告诉你的经验

好员工视公司为家，善于为公司节俭，不是把节俭放在口头上，而是脚踏实地为企业节约每一分钱。

6 永远跟企业站在同一战线

【好员工都知道自己与公司的利益是一致的,只有公司得到发展后个人才会有更好的前途,因此他们始终跟企业站在同一条战线。】

好员工无论在什么情况下,都要与企业共命运,永远与企业站在同一条战线上。因为,一旦你加入了某个集体,你们的命运就紧密地连在了一起,集体的兴衰荣辱也就是你的兴衰荣辱。

只有与公司站在一条战线上,才能和公司一起发展。

小可在市中心步行街的一家叫"忘不了"的家常菜馆当服务生。这家饭馆由于地处市中心,而且菜色独特、味道鲜美,所以每天的客流量都非常大。这天,小可又穿梭在各个饭桌之间,忙得不可开交。突然,19号桌的顾客说肚子痛,而且恶心想吐,同时他还大声喊叫:"大家别吃了,这里的饭菜不干净!"一时,所有的人都炸开了锅。有的喊着要赔偿,有的喊着让老板出来解释道歉,还有的喊着要告到卫生局去。大多数服务人员都没有见过这样的混乱局面便都躲到了一边,大堂经理也不见了踪影。

这时,小可突然想到19号桌的顾客在吃饭前喝了很多的冷饮,她想出现这种症状很可能是生冷刺激引起的肠胃炎。因此,她果断的站出来,说:"我以自己的人格保证,我们饭馆的饭菜卫生绝对没有问题。而且现在最主要的是带顾客去看医生,健康是最主要的,医生会证明到底是怎么回事。"为了防止混乱再次发生,她火速叫来了急救车。这样,大家情绪才稳定下来。

事情的结果很快就出来了,19号桌的顾客的确是因为吃了过多的冷饮引起的肠胃不适。医生很快澄清了大家对饭馆的误会,事情终于平息了下来。当老板赶到饭馆时,营业已经恢复了正常。“没想到长得娇小的小可还有这样的勇气！具有临危不乱的勇气的人是可以干大事的。”小可勇敢机智的表现令老板刮目相看。

在不久后的人员调动中，小可被晋升为大堂经理，为充分展示自己的能力和才华赢得了更大的舞台！

在突发事件面前，作为一名普通员工，小可没有袖手旁观，而是积极地挺身而出。这样的员工，爱公司如家，把公司装在心里，永远和公司站在一条战线上，维护公司的利益。

每一个老板都希望自己的员工像上例中的小可一样，能够“既来之，则安之”，把公司当成自己的家，把公司利益和自己的利益绑在一起，无论发生什么事，都和公司站在一条战线上。

然而职场中，总有一些员工，自私自利，把公司和自己之间的界限划分得非常清楚，认为本职之外，八小时之外的事与自己没有关系，不涉及到自己利益的工作与自己也没有关系，这样的员工永远不会有大的发展，好的前途。

而好员工，把公司当成自己的船，自己就是船员，知道该往什么地方使劲，更明白同舟共济的道理。尤其是公司发生危机的时候，更会与公司站在一起，为老板出谋划策，共渡难关。

在爆发经济危机的时候，有一家制鞋厂的工人闹着要罢工。工人们组织起来，推荐了两位代表向老板要求增加15%的工资。其实，当时的工厂前途已不容乐观，只能勉强维持下去，根本没有能力增加工资。如果要增加工资的话，工厂就会陷于破产的境地。但工人们怎么会理会这些呢？于是，两位代表理直气壮地来到了老板办公室的门口。老板平静地与两位代表分别进行了交谈。老板真实地说出了工厂目前的处境，并恳请工人们与工厂同舟共济，共渡难关。但两个代表的态度却截然不同。

第一位代表大致浏览了一下账目，发现工厂的确没有多少盈利。他是个明理的人，于是他对老板说：“老板，我现在明白了。您也有您的难处，现在是工厂的困难时期，我们员工应该和工厂站在一起。我不会再提增加工资的要求了。”

而第二位代表的态度却很强硬。他强调说：“如果工厂不加工资,那我们就辞职。离开了这里,我们也不会饿死的。”

当老板把工厂的实情坦率地告诉工人们后,大多数通情达理的工人都留了下来,默默地走上了自己的工作岗位,只有少数工人离开,其中包括那个牢骚满腹的第二位代表。后来,罢工的风潮慢慢地平息了下来。再后来,经济危机过去了,工厂的效益越来越好。

罢工风潮把那些不稳定分子带走了,他们中有的人在别的公司立下了脚跟,有的仍然在寻找着适合自己的工作。而那位喜欢出风头的代表,却一直没有找到接纳他的企业。到最后,他连交房租的钱都没有了,只好在大街上流浪。在留下来的那些工人中,有少数人得到了提拔。其中那位明理忠诚的代表由于其表现一直很突出,之后还被提拔为公司经理。

每个员工都应该知道到自己与公司的利益是一致的,与公司共存亡,然后,就像老板一样和公司站在一条战线上,凡事以公司利益为重,只有这样才能获得老板的信任,在实现公司利益的同时实现自己的个人价值。而要做到这一点,你就要认识到:

(1)公司是你的船

公司是船,你就是水手,让船乘风破浪,安全前行,是你不可推卸的责任。员工与老板的关系,并不只是常人眼里的剥削与被剥削的关系。不论是谁给你薪水,最后分析起来,其实你的老板就是你自己,你就是你自己的老板。如果每一个工作者都能够认识到这一点,那么工作在我们的眼里将不会变得那么的枯燥无味。

(2)为公司努力工作

如果公司没有利润,自然每一个员工的基本工资都无法保证。公司的赢利应该是建立在每一个员工努力工作的基础上的。如果你不能够为公司创造利润,那么公司也无法为你承担相应的责任。

(3)永不背叛公司

这个世界走到哪里都遭人憎恨的人就是背叛他人的人。很多人利用公司的资源来开展自己的业务。这种人的动机要比行为更加可恶。最可恨的人就是出卖公司商业机密的人,哪怕面对多大的诱惑,都不要成为这样的人。因为这样的人永远与成功无缘。

(4)公司兴亡,我的责任

掌握公司命运的,不仅仅是董事长,不仅仅是董事会成员,每一个员工都有责任。一个公司,如果每个人都能够做到,公司兴亡,我的责任。这样的公司想不成功都难。因此,只要是有益于公司的事情,我们都应该全力以赴地去做。

总之,作为一名员工,任何时候都应该与公司站在一条战线上,无论遇到什么情况,都应该负起责任来,与公司共命运,全心全意做好自己的工作。这样,你才能成为一名好员工。

好员工告诉你的经验

在好员工的眼里,公司兴旺,匹夫有责。公司不好,他自己也没有面子;公司兴旺,他自己的腰板也挺得直,可以这么说,所有优秀员工都是与公司站在同一条战线,并敢于担当责任的人。

附 录

自测:你是不是一名好员工

企业是我们实现个人价值,成就自我人生的平台。身在职场中,我们要得到更好的发展,就必须更好地工作。在实际工作中,我们是不是能真正承担起自我的责任,尽职尽责地把工作做好,就像那些深受老板与上司喜爱的好员工一样工作呢?在这儿,我们不妨对自我进行一下测评。

1. 上司给你一项工作任务,比你以前要做的工作要难,这个时候你会怎么办呢?

A. 没有任何借口的接受

B. 勉强答应

C. 先答应下来再说

D. 寻找借口拒绝

2. 当你接收了工作任务执行时,遇到困难,你会怎样?

A. 积极主动想办法解决

B. 先想想,实在太难再说

C. 推给上司

D. 抱怨不已

3. 当你的工作完成后,还没有新的工作任务时,看到同事所做的工作需要帮忙,你会怎么做?

A. 积极主动帮助

B. 当做没看见

C. 即便是同事主动求助,也找借口推脱

D. 在一旁看笑话

4. 在假期或者是休息时,你会主动去看跟自己业务相关的专业书籍、或者是参加相关的培训吗?

A. 经常这样

B. 除非是工作需要

C. 偶尔会看看

D. 从来不会

5. 在接受新的工作任务后,你会给自己制作一个进度表,并严格执行?

A. 那是肯定要做的事,也必须严格执行

B. 会制定,但是有的时候不能按着上面的计划去做

C. 偶尔会

D. 从来没想过这件事

6. 你是否总是觉得自己的工作有些累,很想换一份工作呢?

A. 从来没有

B. 偶尔有过这种想法

C. 都给别的公司投过简历

D. 只要有机会我就会离开现在的公司

7. 你是否考虑过公司未来发展的方向,并向领导提过相关的建议?

A. 有,提过

B. 想是想过,不过没提过

C. 偶尔想过

D. 认为那是领导的事,跟自己没关系

8. 当你上司的某项决定不太完善时,你会怎么办?

A. 及时提醒

B. 想提,却不敢开口

C. 看看再说

D. 觉得没有必要

以上所说的是我们在日常工作中经常遇到的事,你是怎么做的呢?这些看似平常的小事直接体现了你的工作态度。你会像那些好员工一样去做吗?

好员工都会毫不犹豫地选择 A。

开心时刻

幽默故事

吻　画

约翰·辛格·萨金特(1856—1925 年),美国人像画家,特别善于画富人和名人的像。

在一次晚宴上,萨金特发现自己身边坐着一位热情洋溢的女倾慕者。"哦,萨金特先生,前两天我看到了您最近的一幅画,忍不住吻了画上的人,因为那人看上去太像您了。"她动情地告诉萨金特。

"那么,它回吻了您吗?"画家笑着问。

"什么? 它当然不会。"

"这么说,它一点儿也不像我。"萨金特得意地笑了起来。

凡·高的耳朵

休·特洛伊(1906—1964 年)是一个不惜用恶作剧来招揽观众的美国艺术家。

1937 年,现代艺术博物馆在美国首次举办凡·高画展。特洛伊认为凡·高的绘画并不能吸引成千上万的人来观看,而添一些耸人听闻的画家的私生活的内容倒更有吸引力。于是他剁碎牛肉做了一只人的耳朵,把它陈列在一只精制的天鹅绒的小盒子里,下面贴了一则说明:

1888 年 12 月 24 日,凡·高割下这只耳朵,送给他的情妇,一个法国的妓女。

盒子一放进陈列厅,就立即招来了许许多多的观众。

马的即兴表演

德国演唱双栖明星昂扎曼恩(1753—1832 年)在柏林剧院演出时,喜欢即兴发挥几句,害得跟他搭档的演员无所适从。因此,导演让他不要再搞什么即兴创作。第二天夜场，当他骑在马上出台时，马竟然在台上撒起尿来，引得观众捧腹大笑。

“你怎么忘了，”昂扎曼恩对马厉声喝道，“导演是不许我们即兴表演的。”

忘了台词以后

德国电影明星克洛普弗(1886—1950年)有一次在排演时忘了台词，于是停下来望着提词员弗劳。但弗劳一直没有能给他提示，显然她没有注意到自己读到哪儿了。令人尴尬的寂静持续着。为了掩饰失误，克洛普弗对同台演戏的人说:“你能告诉我弗劳近来身体好吗？病了没有?”这位演员默然无语，只是耸耸肩。感到彻底绝望了的克洛普弗继续说:“我很久没有她的消息了。”

好大的胃口

欧内斯廷·舒曼—海因克(1861—1936年)，德国女低音歌唱家，是瓦格纳歌角色的优异扮演者。

她长得很胖，平时胃口极好，而她又毫不在乎别人给她冠以美食家桂冠。

一天，另一个胃口很大的贪食者恩里科·卡鲁索走进一家饭店，抬头看见舒曼—海因克正埋头进餐。正当她要吃一块硕大的牛排时，他走上去问道:“舒曼，你一定不会单独把那牛排吃下去吧?”

“不，不，当然不是单独吃，”歌唱家说完就咬了一口。卡鲁索以为还有他一份，还没等他坐下来，不料她接着说:“单独吃没意思，我要和着马铃薯一块吃。”

明星正面和背面

被称为“瑞典的夜莺”的歌剧女高音歌手珍妮·林德(1820—1887年)在美国演出时，一批旅游者敲开了她的门。这位歌星问他们想干什么，其中一个人说，他们只想看她一眼。

“这是我的正面，”说着女歌星调转身子，“这是我的背面。好了，现在你们可以回家去说你们看到我了。”说完她就关上了门。